Harcèlement & phobies SCOLAIRES

Laurent **FRIAUD**

Harcèlement & phobies SCOLAIRES

• POUR SORTIR DE LA SPIRALE •

ARTÉMIS ÉDITIONS

Direction éditoriale : Hélène Tellier
Éditeur : Joseph Vebret
Correctrice : Delphine Gay
Conception graphique : Francis Rossignol
Composition : Atlant'Communication

www.editions-artemis.com

ISBN : 978-2-8160-1806-6
N° éditeur 8160
Dépôt légal : octobre 2021

Achevé d'imprimer : août 2021
Imprimé en France par CPI Bussière
N° imprimeur : 2059238

Aux parents, premiers éducateurs de leurs enfants,
Aux professeurs, co-éducateurs des jeunes
Aux élèves, acteurs de leur vie.

« Pour mieux comprendre
ceux avec lesquels nous vivons,
il faut d'abord nous comprendre nous-mêmes. »

Mère Teresa, *Pensées spirituelles*

Préface

Nous accueillons avec plaisir ce livre de Laurent Friaud, qui apporte un éclairage particulièrement intéressant sur les phénomènes de harcèlement en milieu scolaire ainsi que sur les phobies scolaires. Il nous montre qu'au cœur de ces phénomènes, et des solutions à leur apporter, se trouve le concept de régulation émotionnelle.

La régulation émotionnelle est un courant de recherche et de pratique qui se situe à l'intersection de la psychologie et des neurosciences. Ce courant, qui a vu le jour au milieu des années 1990 et qui est en plein essor depuis, porte sur notre capacité à réagir aux situations de la vie quotidienne en exprimant nos émotions de façon fluide et authentique. Ne pas se laisser piéger, d'un côté, par l'inhibition émotionnelle qui enferme l'individu et le coupe de ses ressources, ni, de l'autre, par les dérapages émotionnels, au minimum inconfortables et parfois graves dans leurs conséquences sociales.

Passer d'une position dans laquelle nous sommes les otages de nos émotions à une position dans laquelle nous sommes à l'aise avec celles-ci et confiants en notre capacité à les vivre et les exprimer de façon constructive change la vie. Pas seulement la nôtre. Celle de notre entourage aussi. Et si nous voulons nous en donner les moyens, celle de la société dans laquelle nous vivons.

Le propos sartrien selon lequel « l'enfer c'est les autres » n'a que trop tendance à caractériser notre société actuelle, ou chacun est de plus en plus invité à se percevoir comme la victime réelle ou supposée des autres. Laurent Friaud éclaire un autre chemin, beaucoup plus positif.

La démarche qu'il propose pour apporter des solutions à ces problèmes importants que sont le harcèlement et les phobies en milieu scolaire s'inscrit dans le cadre d'un coaching bref, dans lequel il apprend aux élèves comment se construire pour être plus en contact avec leur puissance personnelle et ne pas se laisser entraîner dans le développement d'une identité de victime qui risque de les suivre à vie. Pour y parvenir, il leur transmet, entre autres, une technique spécifique de régulation émotionnelle, simple et efficace, qui leur permet d'être mieux équipés pour naviguer dans le monde d'aujourd'hui.

Les recherches actuelles en neurosciences, notamment celles issues de la neurobiologie de l'affectivité, dans le cadre desquelles s'inscrit l'approche CLEEN (coaching de libération des empreintes émotionnelles négatives), rendent ce projet possible. Elles nous proposent des techniques simples et concrètes qui reposent sur les ressources que possède chacun de nous, qui ne coûtent rien et qui peuvent être utilisées à une large échelle.

Tout en étant construit sur des références théoriques solides, le livre de Laurent Friaud est d'abord celui d'un homme de terrain expérimenté, qui vit et applique au quotidien ce qu'il nous présente dans cet ouvrage. Au bout du compte, il poursuit un objectif à la fois simple et ambitieux : permettre à chaque élève de prendre ou reprendre confiance en lui-même et devenir un jour un adulte bien dans sa peau qui apportera sa contribution à la société dans laquelle il vit.

Harcèlement et phobies scolaires est un ouvrage utile et important pour toutes celles et ceux qui veulent contribuer à ce projet au cœur des enjeux de notre époque.

Alain Cayrol et Anne-Brigitte de Courten
Co-directeurs de l'Institut de Coaching International et développeurs de l'approche CLEEN

Avant dire

La connaissance de soi passe par l'expérience

Ma vie a commencé au collège. Mes professeurs ont supporté un élève plein d'énergie, agissant et ne vivant que pour le sport. Mes notes étaient moyennes et mes absences en cours toujours « justifiées » par mon professeur d'Éducation Physique et Sportive qui m'avait même fait vivre cinq championnats de France scolaires en une année ! Ce moyen d'expression, qui m'appartenait, me donnait une grande confiance en moi. Je me voyais agir dans l'espace, je me voyais exister.

Qu'en est-il de nos enfants aujourd'hui ? Ont-ils un moyen d'expression ? Lequel ? Lesquels ? Où en sont-ils avec les écrans, le téléphone portable ?

Désormais chef d'établissement scolaire, je me pose beaucoup de questions quant à l'épanouissement personnel de nos enfants. En effet, les phobies et les cas de harcèlement sont de plus en plus fréquents autour de nous : au travail, dans les établissements scolaires, dans la rue... Les nouveaux moyens de communication ne sont ils pas la source de la non-estime de soi, du manque de confiance et de ses dérives ? En restant des heures devant les écrans ou devant le téléphone, construisons-nous nos personnalités ? Une chose est sûre : un jeune ayant passé deux à trois heures devant une console de jeux ne peut être fier de son après-midi. Comment revient-il dans le monde réel ? Et dans quelles conditions ? Calme ? Énervé ? Fatigué ? Les relations familiales s'apaisent-elles en cautionnant ce genre de pratiques ?

Grâce à mon expérience (onze années en tant que chef d'établissement sur trois ensembles scolaires différents, de l'école au lycée), je constate qu'une utilisation raisonnée des écrans doit laisser place à d'autres pratiques d'expression (culturelles, sportives...) afin de donner aux jeunes les clés de la « connaissance d'eux-mêmes », source d'épanouissement pour leur future orientation professionnelle.

Aujourd'hui à la tête d'un lycée, je constate que plus de la moitié des élèves ne se connaissent pas et sont extrêmement indécis. Même connectés à de nombreux réseaux sociaux, ils sont incapables de savoir quelles compétences, quelles caractéristiques, quelles capacités ils dégagent aux yeux des autres. Si les jeunes ne savent pas ce qu'ils sont, alors comment peuvent-ils se projeter ?

Les expériences sont au cœur des apprentissages. Ce sont les situations vécues qui sont à la source de la construction des jeunes. S'expérimenter, c'est se connaître, se projeter dans l'avenir. D'ailleurs, si de nombreux parents s'égosillent devant leurs enfants pour les conseiller, nous savons tous que les jeunes apprennent par leurs propres expériences, qu'elles soient positives ou négatives. Il en ressort toujours une véritable richesse : la construction de leur personnalité. De nombreux chercheurs en sciences de l'éducation montrent même que toutes les connaissances seraient « situées et fortement intégrées dans l'action[1] », qu'elles seraient indissociables de la pratique personnelle. Certains scientifiques stipulent que ces connaissances sont « énactées », c'est-à-dire dans l'acte ; elles sont situées dans un contexte[2].

Il en va de même dans le milieu de l'enseignement, où les nouvelles pédagogies montrent que le savoir n'est plus encyclopédique (imposé du haut par le professeur). De nos jours, ce savoir est « construit » avec l'élève afin de donner plus de sens. L'élève mène une expérience et c'est ensuite qu'est distillé le savoir. Cette dichotomie entre une éducation d'hier (conception formelle et traditionnelle de l'enseignement) et une éducation de demain (conception fonctionnelle de l'enseignement), reprise par J. Marsenach[3], montre que nos enfants ne doivent plus être considérés comme des applicateurs (savoirs conçus en dehors d'eux), mais comme des concepteurs (savoirs conçus par et pour eux). Beaucoup de parents ont du mal à comprendre ce changement mis en œuvre dans l'éducation (en critiquant souvent les enseignants...), mais les pédagogies évoluent. Il s'agit de sortir d'une conception figée du savoir pour tendre vers une

1. Marc Durand, *L'enseignement en milieu scolaire*, PUF, 1996.
2. F. Varela, E. Thompson, E. Rosch, *L'inscription corporelle de l'esprit*, Seuil, 1993.
3. J. Marsenach, *L'EPS entre hier et demain. EPS, quel enseignement ?*, INRP, 1991.

« conception dynamique et technique de l'élève[4] ». Cela demande un gros travail de différenciation pédagogique, car les enfants sont tous différents. Cette nouvelle conception peut bien sûr être mise en œuvre au quotidien par tous les parents, pour continuer le travail impulsé par l'école ; c'est d'ailleurs un des objectifs de ce livre, à travers le thème des phobies et du harcèlement.

Voilà un premier sujet que je veux aborder : changeons le regard que nous portons sur nos enfants, et construisons autour de nos jeunes un contexte favorable aux expériences. N'imposons plus nos savoirs et nos techniques comme une accumulation de contenus hiérarchiques, mais construisons plutôt avec nos enfants la manière d'organiser leurs activités – ce qui renvoie à l'étymologie même du terme « technique », à savoir « la manière de faire, manière de s'y prendre[5] ». Cette nouvelle conception permet d'aller jusqu'à l'étude du processus que vont construire nos enfants dans différents contextes (intra et extrascolaire) et qui donnera « du sens » à nos jeunes, puisqu'ils seront à l'initiative de ce savoir. Il y aurait donc autant de techniques, de manières de s'y prendre, que d'enfants... De nombreuses méthodes présentées dans ce livre, utilisées pour lutter contre les phobies et les cas de harcèlement, sont de véritables cas construits par des jeunes désireux de s'en sortir selon cette nouvelle conception de l'enseignement.

La construction de soi et l'empreinte affective en tant que parents

Ma vie a continué au lycée et à la faculté, loin de mes parents, en Pôle France Judo, où la « connaissance de soi » se précisait, en passant par des régimes alimentaires me permettant de respecter les catégories de poids au gramme près et à l'heure précise des pesées lors des compétitions. Des expériences menées de front avec mes études, me permettant de me débrouiller au quotidien dans les transports, les révisions, les heures de réveil pour me rendre à la faculté de sport, les horaires de repos et de sommeil à respecter pour éviter les blessures, l'achat et la collection de nombreuses cartes téléphoniques (le portable n'était pas

4. R. Dhellemes, L. Laurin, P. Arnaud, *L'enseignement des activités athlétiques en milieu scolaire : des pistes pour l'innovation. EPS et didactique des APS*, Éditions EPS, 1990.
5. R. Garassino, *La technique maudite*, Dossier EPS n° 200, 1980.

d'actualité !) pour donner des nouvelles à ma famille, l'attente dans les laveries pour nettoyer le kimono et les autres affaires... Bref, la vie quotidienne.

Ces années d'autonomie m'ont permis de me connaître, de me forger un caractère et une orientation : professeur de judo pour financer mes études, pour devenir plus tard professeur d'Éducation Physique et Sportive.

À travers ce témoignage, je veux affirmer à chaque parent la nécessité de se décharger émotionnellement de la relation enfant-parents au bénéfice d'une véritable construction du jeune par la recherche de son autonomie. Évidemment, autonomie ne veut pas dire « abandon » – je vous rassure, mes parents ont toujours été présents à mes côtés, humainement et financièrement. Mais on ne ressort jamais « inchangé » d'une expérience menée en autonomie.

Ce deuxième sujet que je veux aborder concerne une fois de plus un changement de regard que doivent opérer les parents, en se détachant de l'empreinte affective qu'ils ont avec leurs enfants. Cette prégnance affective se révèle trop souvent lorsque, par exemple, des parents cherchent à « défendre » leur enfant qui aurait obtenu une mauvaise note... à cause de l'enseignant qui ne structure pas assez sa leçon. La charge émotionnelle (c'est mon enfant, c'est ma chair...) doit laisser place à l'explication entre l'enfant et le professeur. Le rôle des parents serait de dire à leur enfant de dialoguer avec l'enseignant, de le rencontrer... en tout cas de prendre l'initiative d'organiser une rencontre. La construction de soi est alors à l'œuvre. Voilà la véritable richesse éducative.

Il en va de même lorsque les enfants sont sujets à la phobie scolaire ou victimes de harcèlement : laissons-les construire leur schéma de défense (dont l'accompagnement, dans ce livre, se fera au fur et à mesure), en évitant de ressasser le fil de la journée avec eux, surtout avec des questions du type : « Qu'est-ce qui ne s'est pas bien passé aujourd'hui ? » Ces questions négatives ne font qu'inhiber le travail de construction de l'enfant. Faire un bilan avec son enfant est normal, mais le type de questions posées devrait plutôt être de l'ordre : « Qu'as-tu construit aujourd'hui ? Quelles sont tes réussites du jour ? » La réponse du jeune sera positive, le poussant à faire encore mieux, ce qui l'encouragera dans sa démarche.

La construction de soi ; significations et construction du schéma d'apprentissage

Ma vie s'est poursuivie en tant que professeur de judo puis d'EPS. C'est alors que j'ai véritablement appris à différencier ma pédagogie selon les besoins des élèves. Cette réflexion sur la pédagogie, ce qui relie l'être au savoir, me permet d'envisager et de construire des « situations de référence » dans les apprentissages, de véritables expériences où l'autonomie et la recherche de « faire mieux » sont au cœur du processus. Grâce à ces expériences corporelles et de recherche réflexive sur leur propre pratique, les jeunes améliorent leur « schéma d'apprentissage » et se dirigent vers une connaissance d'eux-mêmes.

Ce que je veux évoquer à travers ce troisième thème, c'est que les nouvelles pédagogies axées sur la notion de « construction de son schéma d'apprentissage » sont une clé de la réussite pour la construction de la confiance en soi, en luttant, entre autres, contre les phobies ou les cas de harcèlement.

Cette démarche tente de faire accéder à une « conscience qui s'attache aux objets de la pensée réfléchie[6] », c'est-à-dire aux significations « en acte, en situation » de nos jeunes, qui nous offrent des points d'appui efficaces. C'est, par exemple, en reconnaissant des situations harceleur/harcelé que chaque jeune pourra se construire en élaborant un schéma de défense ou de réponse approprié à la situation. Si chaque élève arrive à repérer les significations de l'autre dans un contexte donné, harceleur et harcelé pourront alors se reconstruire. Ce système de « schème générateur[7] » placera le sujet dans une situation structurante et signifiante pour lui. Ce thème se retrouve également dans le constructivisme piagétien sous le terme « schème d'action ». Un des objets de ce livre est de montrer que la reconstruction de soi, pour un élève en situation de phobie scolaire ou un élève harcelé, passe par ce système de schème d'action.

---

6. Maurice Merleau-Ponty, *La structure du comportement*, PUF, 1990.
7. Pierre Bourdieu, *La Distinction*, Éditions de Minuit, 1979.

Comment aborder les cas de phobies et de harcèlement en milieu scolaire ?

Ma vie a continué en tant que chef d'établissement scolaire. Dans chaque établissement que j'ai côtoyé, j'ai constaté, toujours avec inquiétude, de nombreux cas de phobie scolaire et de harcèlement. En approfondissant ce sujet avec mes équipes, j'ai décidé de me former dans la gestion des émotions. En effet, au regard des différentes situations émotionnelles vécues par nos jeunes, je ne pouvais pas occulter ce terrain, peu connu en milieu scolaire. Ma certification de coach professionnel à l'Institut de Coaching International de Genève (ICI) comme praticien CLEEN (coaching de libération des empreintes émotionnelles négatives) m'a permis de répondre à de nombreux besoins, et surtout de poser un autre regard sur la prise en charge de nos jeunes. Les neurosciences m'ont énormément apporté, tout comme la méditation – qu'elle soit de pleine conscience ou religieuse. En effet, l'écoute, point de départ de la prise en charge, peut s'effectuer par différentes entrées.

* * *

Afin d'aborder le sujet sensible du harcèlement, il convient de rappeler que plus de 700 000 enfants[8] sont victimes chaque année de ce fléau, défini à ce jour comme des « agissements malveillants et répétés à l'égard d'autrui, susceptibles notamment d'altérer sa santé physique ou mentale, de porter atteinte à ses droits ou à son avenir professionnel, ou, quand il s'exerce à l'égard du conjoint ou du concubin, par exemple, d'altérer ses conditions de vie[9] ». Cette définition induit que ce sont des agissements extérieurs malveillants et répétés qui sont déclencheurs de l'altération de la santé d'un individu. Et c'est effectivement dans le contexte agresseur/agressé que de nombreuses associations de lutte contre le harcèlement se placent.

La question de la nécessaire recherche de l'agresseur (ou des agresseurs) est généralement rapidement réglée, avec à la clé des sanctions plus ou moins adaptées. La résolution du

8. Enquête « Victimisation 2015 ». Division de l'enseignement de la prospective et de la performance.
9. Selon le dictionnaire Larousse.

problème n'est toutefois que temporaire et ne permet pas aux élèves (agresseur et agressé) de comprendre l'autre dans son histoire, son vécu.

Ces résolutions, ou dispositifs de prévention, de courte durée, qui placent les jeunes dans des catégories bien stéréotypées, prennent appui sur des recommandations telles que :

– éviter de lancer des rumeurs ;

– ne pas diffuser de mauvaises informations sur les réseaux sociaux ;

– identifier les leaders, avides de pouvoir ;

– identifier des adultes référents, repérer le « bouc émissaire » ;

– mettre en place des veilleurs pour enquêter et trouver des témoins ;

– visionner des clips de sensibilisation sur le harcèlement scolaire ;

– modifier la structure scolaire pour faire de la prévention (répartition des pôles de vie scolaire dans les établissements) ;

– établir des fiches de signalement de cas ;

– proposer des interventions sur la cyber-prévention ;

– mettre en place des numéros d'écoute pour les jeunes ;

– élaborer des enquêtes locales sur le climat scolaire...

Tous ces dispositifs ne font que « judiciariser » les actes en milieu scolaire, où les notions d'erreur et de construction de soi devraient pourtant être au cœur du système. Ils s'appuient trop souvent sur le pôle prévention/sanction/répression et occultent les notions de réparation et de construction de soi.

Dans de nombreux sites scolaires, universitaires ou professionnels, ne pas prendre en compte ces notions de construction de soi, de régulation des émotions au quotidien, conduit à des situations d'angoisse, de harcèlement et de phobie mettant en évidence de véritables « explosions émotionnelles » souvent répétées et qui n'arrivent pas à être atténuées, sauf par le départ de l'acteur ou de la victime. Dans la plupart des cas de harcèlement ou de phobie scolaire, c'est l'élève inquiété qui s'en va. Est-ce normal que ce soit la victime qui parte ? Est-il bon psychologiquement de fuir l'obstacle, au lieu de l'affronter, pour peut-être retrouver une situation identique dans un autre contexte ? Dans les nombreux cas que j'ai observés, une fois la situation de harcèlement traitée (auteur sanctionné), la victime quitte de toute façon son établissement, car elle a été

« empreintée » émotionnellement par cette situation stressante et souvent traumatisante.

Certaines associations de lutte contre le harcèlement utilisent plutôt le terme d'« intimidation ». C'est le cas du Centre de ressources et d'études systémiques contre les intimidations scolaires (RESIS), une association qui recentre la prise en charge du harcèlement et nous mène vers une piste à explorer : apporter une aide à la fois à la victime et à la personne qui intimide. Cette méthode dite « de la préoccupation partagée », initiée par le psychologue Anatol Pikas, montre qu'il faut prendre au sérieux ce que disent les victimes, même si cela ne semble pas grave. À ce stade, il est nécessaire d'écouter et d'acter. Ensuite, le travail avec les « intimidateurs » se fait grâce à de nombreux entretiens et à une approche « non blâmante », car le jeune est en période de construction. L'élève peut alors se placer du côté de la réparation de sa faute. Je tiens à saluer cette association qui utilise des entretiens individuels avec les jeunes plutôt que des confrontations souvent très risquées et traumatisantes. Bref, une réelle avancée pour lutter contre ces phénomènes d'« intimidation ».

Cependant, si l'on prend la définition même du mot « intimider », il est question de forcer quelqu'un, de le sortir de sa timidité, de sa nature. Alors, où se trouve le seuil de tolérance, le curseur à ne pas dépasser? Et comment un jeune (en plein apprentissage, en pleine construction de lui-même) peut-il repérer ce seuil chez l'autre, afin de ne pas l'intimider? Si l'on se place du côté de l'élève-victime, comment comprendre et prendre conscience qu'un simple regard de ses camarades le perturbe et le place dans une situation d'agressé? Comment peut-il se libérer des phrases blessantes qu'il vit au quotidien? D'ailleurs, pourquoi ces phrases sont-elles blessantes? Pourquoi a-t-il mal perçu la phrase du professeur (qui était une consigne pour l'ensemble de la classe) alors que son camarade l'a bien acceptée? Une recherche dans cette direction est déjà porteuse de sens. On s'intéresse à soi, à l'autre, à comprendre son prochain.

Cette problématique (qui concerne l'ensemble des personnels de vie scolaire, personnels enseignants, chefs d'établissement, sans oublier les parents) doit être associée à celle de la phobie, un terme défini comme « une crainte angoissante et injustifiée d'une situation, d'un objet ou de l'accomplissement d'une action ». La prise en compte de certains « signaux » nous

permettrait d'être efficaces, voire d'éviter les phobies scolaires, indicateurs déjà trop tardifs dans la prise en charge du jeune.
La phobie est en lien avec la « charge émotionnelle » de l'élève. Les émotions (peur, tristesse, joie, angoisse) font émerger par notre corps, par des sensations physiques (panique, pleurs, oppression, coloration du visage, tremblements, boule au ventre...), des premiers indicateurs très précis que les éducateurs et/ou parents doivent rapidement prendre en compte. Cet aspect est trop souvent négligé, ou pris en charge trop tardivement (on en arrive alors à l'explosion émotionnelle, à la dépression, au *burn out*...).

* * *

Prendre le harcèlement au sérieux c'est, pour les éducateurs, reconnaître des situations d'intimidation au quotidien, savoir les repérer, les traiter en identifiant les indicateurs émotionnels des jeunes, et construire avec eux des schémas de défense (pour les victimes) ou de perception de l'autre (pour les auteurs des intimidations). Prendre le harcèlement au sérieux, c'est savoir quelles sortes de pressions sont exercées sur un jeune – pressions qui peuvent pousser certains à la tentative de suicide.
Dans ce but, nous prendrons le temps de déceler différentes situations qui doivent nous interpeller au quotidien. Ces situations, que nous appellerons « de référence », sont de véritables invariants, des exemples partagés et reconnus par de nombreux chefs d'établissement. Chaque élève, chaque famille pourra y trouver l'écho de situations vécues personnellement.
Dans un deuxième temps, nous aborderons la prise en charge émotionnelle des jeunes afin de pouvoir construire des entretiens individuels véritablement efficaces. Cette prise en charge nécessite plusieurs démarches méthodiques, applicables sur le terrain, afin de clarifier la situation qui pose problème. Les démarches présentées dans ce livre s'appuient sur différents entretiens de coaching avec des techniques bien précises. Elles permettent aux éducateurs et aux parents de prendre en considération avec clairvoyance les besoins des jeunes.
Ensuite, nous nous attacherons à montrer que se construire, pour la victime comme pour l'« intimidateur », passe par la connaissance de soi. La victime pourra alors développer son schéma de défense, son plan d'action, pour mieux réagir aux

situations quotidiennes. « L'intimidateur » pourra quant à lui élaborer sa perception de lui-même et des autres pour évoluer dans un climat scolaire serein.

Enfin, nous aborderons la question d'une véritable « éducation à l'expression », nécessaire à chacun pour exprimer ses émotions au quotidien, dire aux autres ce qu'il est, par des moyens qui lui correspondent (théâtre, écriture, sport, peinture, sculpture, réalisation musicale ou visuelle...). Cette dernière étape permet de consolider le travail réalisé en amont et exposé dans ce livre.

En réponse aux situations de départ (présentées dans la première partie du livre), des fiches pratiques apporteront des solutions permettant aux jeunes de progresser étape par étape vers la construction de soi, et de sortir du phénomène d'intimidation.

Je me permets pour conclure cette présentation de reprendre les mots de l'écrivain Paulo Coelho : « J'ai appris depuis longtemps que, pour soigner mes blessures, je devais avoir le courage de les regarder en face. »

I

LES DIFFÉRENTES SITUATIONS DE PHOBIE ET D'INTIMIDATION OÙ L'ÉLÈVE SE SOUS-ESTIME

(préoccupations)

Les situations suivantes, toutes vécues par différents jeunes, nous montrent dans un premier temps la vision de l'élève en période de « préoccupation ». Après un travail d'entretien de coaching (technique de clarification de la situation par un adulte ou autre personne extérieure), l'élève peut alors prendre du recul sur la situation qu'il vit (phase de prise de conscience) et définir un véritable plan d'action (phase d'action, développée dans les chapitres suivants).

1. Paul : « Je suis nul en cours. »

• La vision du jeune

Paul est un élève sérieux, avec un bon niveau scolaire, cependant il ne cesse de dire à ses camarades et à ses professeurs qu'il est nul en cours. Son discours entraîne chez lui une période de démotivation. Il alimente ainsi une image négative de lui-même auprès des autres personnes. Ni ses camarades ni ses professeurs n'arrivent à le raisonner, même ses parents trouvent que Paul n'a pas le goût à faire ses devoirs chez lui. Il entre alors dans une spirale où il a le sentiment que tout le monde le déteste. Ses parents souhaitent que leur enfant quitte l'établissement, car ils ont l'impression que personne ne veut l'aider.

• Sa préoccupation majeure suite à l'entretien de coaching

Après l'entretien, il s'avère que Paul se dit « nul dans tous les cours » alors que sa préoccupation est essentiellement en Mathématiques, où la démarche scientifique expliquée par le professeur n'a pas été comprise. En effet, le professeur demande une explication du raisonnement avant de formuler une solution. En d'autres termes : expliquer le raisonnement mathématique par des phrases. Or, Paul a très mal pris cette consigne, qu'il a interprétée comme un manque de confiance de son professeur. Pour Paul, son professeur n'a pas à lui demander de justifier sa réponse. Cette incompréhension est devenue synonyme d'une trahison : « S'il me demande de justifier tous mes calculs, cela signifie que mon professeur m'estime incapable de trouver la solution, qu'il ne croit pas en moi. »

L'entretien de coaching a permis de comprendre que Paul avait besoin qu'on lui réexplique que dans le cadre du Brevet des collèges, toute solution doit s'accompagner d'une démarche explicative (raisonnement écrit). La consigne a d'ailleurs été donnée à l'ensemble de la classe, ce qui prouve que le professeur n'en veut pas Paul.

Paul a également reconnu qu'il apprécie énormément son professeur de Mathématiques. C'est un jeune qui fonctionne « à l'affectif », qui a besoin qu'on lui régulièrement des marques de confiance.

Suite à l'entretien avec un adulte, de quoi Paul a-t-il conscience ?		
Je suis nul en Maths !	Mon professeur ne m'apprécie pas : il me demande de justifier mes résultats.	Mon professeur m'en veut personnellement.

• Plan d'action suite à ce constat

Paul doit construire son « schème d'action » : se rassurer sur ses résultats en Maths et se rassurer quant à la bienveillance de son professeur.

Il a été demandé au professeur d'expliquer de nouveau le sens de la démarche scientifique en classe de 3e.

Il a été demandé à Paul de distinguer les consignes générales des consignes individuelles.

Paul a décidé de lui-même de travailler de la même manière toutes les disciplines, même celles où le professeur est moins proche de lui. En d'autres termes, il s'agit pour Paul de retrouver une motivation intrinsèque (travailler pour soi) et non plus extrinsèque (travailler pour les autres).

Un coaching de libération des empreintes émotionnelles négatives (CLEEN) lui est proposé (une des techniques sera exposée dans les chapitres suivants).

Paul doit faire un travail de confiance en soi, en se détachant de la charge émotionnelle qu'il met dans sa relation avec les professeurs (« je travaille cette discipline car je l'apprécie bien », « je ne travaille pas en Musique car je n'apprécie pas le professeur »). C'est le cas de nombreux élèves.

Un plan d'action favorisant son futur métier (orientation pour soi) sera également à privilégier en partant de sa motivation intrinsèque.

Si cette posture qui consiste à dire que « je suis nul » persiste dans différents contextes, une véritable phobie scolaire peut s'installer. Paul risque de plus venir en cours.

2. Anne : « Je n'arrive plus à franchir la porte du collège. »

• La vision du jeune

Anne ne vient plus au collège depuis plus d'un mois. Malgré plusieurs essais avec ses parents, grâce à leur disponibilité pour accompagner leur fille le matin, il s'avère qu'Anne est dans l'incapacité émotionnelle de se rendre au collège (nombreux pleurs, voir impossibilité de sortir de la voiture). La simple vue du portail de l'établissement déclenche chez Anne une véritable phobie scolaire.

• Sa préoccupation majeure suite à l'entretien de coaching

Après un entretien de coaching, il s'avère qu'Anne ne veut plus quitter ses parents le matin à cause d'une parole blessante venant de sa maman, une simple parole de la vie quotidienne dont la maman n'a pas souvenir, mais qui a « empreinté » émotionnellement sa fille.

Cette phrase – « je n'ai pas que ça à faire ce matin » – a été effectivement prononcée par la maman alors qu'Anne avait raté son bus. Sa maman, furieuse, avait dû revenir du travail pour accompagner Anne en voiture au collège.

Anne a considéré, par cette phrase, que ses parents l'abandonnaient. Rester dans la voiture était une manière de rester avec ses parents, de peur de les perdre.

Suite à l'entretien avec un adulte, de quoi Anne a-t-elle conscience ?	
Je ne veux pas quitter mes parents le matin.	J'ai peur que mes parents m'abandonnent, car une parole blessante a été prononcée.

- **Plan d'action suite à ce constat**

Anne doit travailler un coaching de libération des émotions négatives partant de la phrase prononcée par sa maman (une des techniques sera présentée dans les chapitres suivants).

Il s'agit de construire son schème d'action : être confiante lorsqu'elle quitte le domicile de ses parents et s'assurer que la journée au collège va bien se passer.

Anne se trouve déjà à un stade avancé de la phobie. Nous verrons ultérieurement que des signaux d'alerte auraient pu être pris en compte plus tôt. Si cette posture persiste dans différents contextes, alors la scolarité et la santé d'Anne seront en jeu. Elle risque de demander des cours à distance, comme le font de nombreuses familles. Il s'agit de vite réagir avant la déscolarisation d'Anne.

3. Pierre : « J'ai une boule au ventre lorsque je fais mon évaluation. »

- **La vision du jeune**

Pierre est inquiet. Il a expliqué à ses parents ainsi qu'à ses professeurs qu'il perd ses moyens lors des contrôles qui ont lieu au sein du lycée, dans la salle d'examen. À la vue d'une simple copie, un blocage a lieu : Pierre est incapable de restituer ses connaissances par écrit.

• Sa préoccupation majeure suite à l'entretien de coaching

Pendant l'entretien de coaching, Pierre m'explique qu'il souffre d'un manque de confiance dans la restitution de ses connaissances. Il récite régulièrement ses leçons à l'oral à ses parents, mais lors du passage à l'écrit, il perd tous ses moyens. En clarifiant la situation, nous nous rendons compte que Pierre ne s'entraîne pas à l'écrit et ne respecte donc pas les conditions d'examen. De plus, écrire structure la pensée.

Suite à l'entretien avec un adulte, de quoi Pierre a-t-il conscience ?	
Je perds mes moyens pendant les évaluations. Pourtant je connais ma leçon (récitation à l'oral la veille).	À la simple vue de ma copie d'examen, je perds mes moyens, je panique.

• Plan d'action suite à ce constat

Le schème d'action de Paul doit être le suivant : être en position de confiance lorsqu'il passe à l'écrit en situation de contrôle.

En récitant ses leçons par écrit, Pierre va reprendre confiance en lui, car il aura la preuve qu'il connaît sa leçon. Plus qu'une simple étape de mémorisation, le passage à l'écrit va structurer la pensée de Pierre, qui comprendra davantage ce qu'il récite. La confiance passera par cette étape.

Pierre doit également travailler un coaching de libération des émotions négatives partant de la situation de référence : la vue de la copie lui fait perdre ses moyens.

Si cette posture, qui consiste à angoisser lors des évaluations, persiste dans différents contextes, alors c'est la scolarité de Pierre qui sera en jeu. Dans cette fragilité, Pierre pourrait faire l'objet de moqueries de la part de ses camarades : « Tu te dégonfles dès qu'on te met la pression. » Pierre risque de ne plus venir en cours à cause de cette phobie, et peut devenir le sujet d'un harcèlement. Il s'agit de vite réagir avant que la situation ne prenne de l'ampleur.

4. Manon : « Je perds mes moyens lorsque je dois parler en public, c'est impossible pour moi de participer. »

• La vision du jeune

Manon est une brillante élève de 1re. Cependant, dès que le professeur souhaite lui donner la parole devant les autres camarades de sa classe, elle perd tous ses moyens. Elle panique et se met même à bégayer, chose qu'elle ne fait jamais dans la vie quotidienne. Elle a du mal à tenir un discours cohérent dès qu'elle doit parler en public. Pourtant, discuter avec ses camarades ne lui pose pas de problème. Elle s'exprime plutôt bien lorsqu'elle est avec des amis de confiance.

• Sa préoccupation majeure suite à l'entretien de coaching

Suite à l'entretien de coaching, il s'avère que Manon accepte mal le regard des autres lorsqu'elle est dans un groupe classe. Ce n'est pas la peur du professeur, mais la peur de ce que vont penser les autres qui déstabilise Manon, surtout si elle se met à bégayer. Le déclencheur est le regard des autres au moment où elle va parler.

Suite à l'entretien avec un adulte, de quoi Manon a-t-elle conscience ?	
Je n'ose pas prendre la parole en public.	Je n'ai pas peur du professeur, mais du regard des autres.

• Plan d'action suite à ce constat

Manon doit travailler un coaching de libération des émotions négatives partant de la situation de référence : le regard des autres avant de s'exprimer.

Son schème d'action est le suivant : savoir parler devant un auditoire en ayant confiance.

Ce travail important passera par l'élaboration de fiches étapes que Manon pourra remplir à chaque situation positive qu'elle vivra.

Si cette posture qui consiste à avoir peur du regard des autres persiste dans différents contextes, la scolarité de Manon sera en jeu. Dans cette fragilité, Manon a déjà fait l'objet de moqueries de la part de ses camarades. Elle risque de ne plus venir en cours et peut devenir le sujet d'un harcèlement. Il s'agit de réagir rapidement, et nous constatons qu'un travail sur la confiance en soi sera majeur.

5. Florine : « Je suis harcelée au collège. Les adultes le savent, mais ça continue... Mes parents vont porter plainte. »

• La vision du jeune

Florine est en 3e. Elle dit à ses parents que nombreux de ses camarades se moquent d'elle, que c'est incessant, épuisant, et qu'elle ne veut plus retourner au collège. Ses parents ont pris déjà rendez-vous avec l'équipe éducative, mais rien ne se passe... Les parents en sont au point de vouloir porter plainte contre l'institution scolaire, et également contre les quatre camarades qui seraient à l'origine des moqueries.

• Sa préoccupation majeure suite à l'entretien de coaching

Suite à l'entretien, il apparaît que Florine ne fait jamais appel aux personnels de la vie scolaire ou aux professeurs lorsqu'il y a eu une moquerie. Ce serait pourtant une solution réactive pour traiter la situation au cas par cas. Florine n'a pas peur d'éventuelles représailles, mais elle trouve que les regards sur elle sont nombreux, elle croit que tout le monde parle d'elle, qu'elle est le centre des discussions... à tel point que chaque situation donne lieu à un quiproquo. « Tel élève m'a montré du doigt, donc il m'en veut ! » Alors que le jeune homme en question indiquait simplement la direction d'une salle de classe à un camarade. Toutes les situations, même les plus simples, sont amplifiées par Florine.

À la fin de l'entretien, et après une rencontre avec de nombreux camarades, Florine reconnaît que les élèves ne font pas une fixation sur elle. Elle confirme qu'elle se sous-estime au quotidien. Sa maman atteste que tous les soirs, Florine raconte uniquement les événements négatifs de la journée. Rien n'est positif.

SUITE À L'ENTRETIEN AVEC UN ADULTE, DE QUOI FLORINE A-T-ELLE CONSCIENCE ?		
Toutes les discussions de mes camarades sont centrées sur ma personne, ils disent du mal de moi.	Je me sous-estime au quotidien, je ne sais rien faire ! Tout est négatif autour de moi.	Je m'isole lors des récréations et je ne me sens plus à ma place.

• Plan d'action suite à ce constat

Florine doit travailler un coaching de libération des émotions négatives partant de la situation de référence : dès que quelqu'un parle, il dit des choses négatives sur moi.

Florine doit construire son schème d'action : s'intégrer, se sentir bien dans un groupe et prendre part à différentes discussions avec aisance, avec confiance. Ce travail important passera par l'élaboration de fiches étapes que Florine pourra remplir à chaque situation positive qu'elle vivra. Nous expliquerons cette construction dans les chapitres suivants.

Si cette posture limite « paranoïaque », qui consiste à voir du négatif partout, à croire que tout le monde parle d'elle en mal, persiste dans différents contextes, alors la scolarité et la santé de Florine seront en jeu. Dans cette fragilité, Florine subit déjà des pressions et reçoit des messages insultants de camarades qui s'exaspèrent de cette situation (c'est la raison pour laquelle les parents veulent porter plainte). Il s'agit d'éviter que la situation prenne de l'ampleur. Nous constatons qu'un travail sur la confiance en soi et sur la communication avec les autres sera primordial.

6. Favio : « Les professeurs ne s'en prennent qu'à moi. Mes parents vont prendre rendez-vous avec eux. »

• La vision du jeune

Favio est en classe de 4e. Il parle un peu en classe, et c'est toujours lui qui est sanctionné. Il perçoit cette situation comme injuste. Il n'y a pas que lui qui bavarde, les autres aussi... Il évoque ce sentiment d'injustice avec ses parents qui, assez remontés, prennent rendez-vous avec les différents professeurs concernés.

• Sa préoccupation majeure suite à l'entretien de coaching

Après l'entretien avec ses parents, et suite à l'entretien de coaching avec Favio, il apparaît que celui-ci prend la parole de façon intempestive dans de nombreuses disciplines. Est-il précoce ? S'ennuie-t-il en cours ? Toutes les pistes sont envisagées. Favio ne se rend pas compte que ses prises de parole dérangent les autres élèves de sa classe. Il n'en a absolument pas conscience, et il faut que ce soit les autres élèves qui lui confirment, de façon collégiale, que son comportement provoque même des tensions dans le groupe. Ses parents se rendent alors compte du travail que Favio doit réaliser sur lui-même.

Suite à l'entretien avec un adulte, de quoi Favio a-t-il conscience ?		
Les professeurs me sanctionnent alors que je ne suis pas le seul à faire du bruit en classe. C'est injuste !	J'ai provoqué une tension entre mes parents et mes professeurs car je n'avais pas conscience de perturber la classe.	Il faut que je travaille sur moi, et surtout sur mes prises de parole que je dois modérer.

• Plan d'action suite à ce constat

Le schème d'action de Favio : s'intégrer, participer de manière modérée dans un groupe. Ce travail important passera par l'élaboration de fiches étapes que Favio pourra remplir à chaque situation positive qu'il vivra (voir chapitres suivants).

Si ces prises de parole intempestives perdurent, les tensions entre les élèves vont s'accentuer. Dans cette fragilité dont il prend conscience suite à l'entretien de coaching, Favio est déjà la cible d'insultes de camarades qui s'exaspèrent de cette situation. Il s'agit de réagir rapidement. Nous constatons qu'un travail sur communication et la sociabilisation seront indispensables pour rétablir un climat scolaire serein.

7. Antonin : « Tout le monde me regarde dans la cour de récréation. C'est sûr je suis gros... J'exprime alors ma violence envers ceux qui se moquent. »

• La vision du jeune

Antonin est un élève de collège qui a un peu d'embonpoint, qui est complexé physiquement, et qui s'énerve très rapidement dès qu'on se moque de lui (pas forcément à cause de son embonpoint, d'ailleurs). Il n'hésite pas à faire preuve de violence physique à la moindre remarque de ses camarades, comme s'il voulait justement prouver que son physique est la solution à tous les problèmes.

• Sa préoccupation majeure suite à l'entretien de coaching

Suite à l'entretien de coaching, il apparaît qu'Antonin ne se rend pas compte de sa force et du fait qu'il peut blesser des camarades par ses réactions impulsives. De plus, il souligne qu'il se sent mal dans ses vêtements souvent trop courts ou trop serrés. Ce point est confirmé par ses parents, au regard de la croissance rapide de l'adolescent. Il s'avère qu'Antonin se lève très tard le matin, seulement quelques minutes avant de se rendre au collège, et qu'il ne prend pas le temps de choisir ses vêtements. Une fois arrivé au collège, il s'aperçoit que ses affaires sont serrées et font parfois ressortir ses formes, ce qui est l'objet de moqueries. Antonin prend conscience qu'il doit préparer ses vêtements la veille, afin de résoudre ce problème. Il propose déjà une première solution de façon autonome.

Suite à l'entretien avec un adulte, de quoi Antonin a-t-il conscience ?		
Je m'énerve souvent dès qu'on se moque de moi. Comme je suis costaud, je réagis avec violence.	Je grandis beaucoup et mes habits sont souvent inadaptés à ma corpulence. Ils font ressortir mon embonpoint, source de moqueries.	Je dois choisir et préparer mes affaires la veille.

• Plan d'action suite à ce constat

Un coaching CLEEN est nécessaire, car Antonin est complexé de son embonpoint. Il s'agira de redonner confiance à Antonin sur ce point.

Le schème d'action d'Antonin est le suivant: préparer sa journée du lendemain en anticipant le choix de ses habits pour être à l'aise au collège. Nous constaterons que cette préparation vestimentaire permettra d'asseoir la confiance qu'Antonin aura en lui-même. Ce travail important passera également par le contrôle de son impulsivité (souvent physique), grâce à l'élaboration de fiches étapes qu'Antonin pourra remplir à chaque situation positive qu'il vivra.

Si cette posture d'impulsivité violente envers ses camarades persiste dans différents contextes (en milieu scolaire et en dehors), les tensions vont s'accentuer, ce qui aboutira à un conseil de discipline, voire à des exclusions d'établissement en établissement. Antonin ne fera alors que reproduire le même schéma, ailleurs. Ce n'est pas en le changeant d'environnement qu'il trouvera des solutions.

Dans cette fragilité (il n'arrive pas à se canaliser) dont il prend conscience suite à l'entretien de coaching, Antonin est déjà la cible d'insultes de camarades (quand ils osent...), qui ont par ailleurs souvent peur de ses réactions. Nous constatons qu'un travail sur lui-même doit être prioritaire.

8. LOLA : « JE SUIS VIOLENTE VERBALEMENT DÈS QU'IL Y A UN CAMARADE QUI ME REGARDE DE TRAVERS. »

• La vision du jeune

Lola est une élève de 3e qui devient de moins en moins sociable en ce début d'année scolaire. Elle est constamment sur les réseaux sociaux grâce à son téléphone portable qu'elle s'est fait prendre à plusieurs reprises par le personnel de vie scolaire. Lola consultait son téléphone dans les toilettes de l'établissement pendant les récréations ou entre midi et 14 heures.

Lola est souvent agressive verbalement dès qu'un de ses camarades pose son regard sur elle. Pour elle, tout le monde la regarde de travers. Et pour un simple regard soi-disant de travers, elle provoque les autres élèves. De nombreuses tensions sont palpables dans sa classe.

• Sa préoccupation majeure suite à l'entretien de coaching

Suite à l'entretien de coaching, il s'avère que Lola est ultra présente sur les réseaux sociaux, soucieuse de son image de belle demoiselle. Les photos qu'elle poste sont irréprochables, techniquement parfaites, la mettant en valeur. Ses camarades aiment d'ailleurs admirer ses différentes photos. Cependant, Lola est à l'affût de chaque « like » de ses « followers » et ne supporte pas la moindre remarque ou le moindre commentaire via ces réseaux. Elle prend conscience qu'elle peut être source de tension dès le début d'un cours en insultant un camarade sans même lui avoir dit bonjour… juste parce que celui-ci n'avait pas écrit, la veille, un commentaire à son goût.

Lola se rend compte qu'elle se met la pression toute seule à cause de son image qui doit être parfaite… et met la pression aux autres élèves en les harcelant verbalement à la moindre critique, qu'elle n'accepte pas.

Suite à l'entretien avec un adulte, de quoi Lola a-t-elle conscience ?		
J'ai mon image à défendre sur les réseaux et au collège. Tout le monde doit me respecter.	Je n'accepte pas la critique, même constructive.	Je suis source de tension car j'ai l'impression qu'on parle de moi constamment.

- **Plan d'action suite à ce constat**

Il s'agit de réaliser un coaching CLEEN à partir de la situation de référence, « le regard des autres est forcément négatif », pour redonner confiance à Lola.

La construction de son « schème d'action » se base sur le fait que Lola s'exprime uniquement par les photos qu'elle poste sur les réseaux, alors qu'elle a sûrement d'autres qualités que « physiques ». Il s'agit de construire chez Lola une image d'elle non centrée sur le paraître. De nombreuses valeurs et qualités peuvent s'exprimer autrement (par le travail, la solidarité entre amis, par le courage...). L'élaboration de fiches étapes que Lola pourra remplir à chaque situation positive qu'elle vivra l'aidera, dans sa construction d'adolescente, à prendre conscience qu'il y a une vie en dehors des réseaux sociaux. Et à ce stade, la coopération avec ses parents sera primordiale, notamment en ce qui concerne le contrôle du téléphone portable.

Si cette posture de défense constante de son image à travers un groupe persiste dans différents contextes, les tensions vont s'accentuer entre les élèves. Dans cette fragilité dont Lola prend conscience suite à l'entretien de coaching, elle se sent mal et agressée en permanence... tout comme les autres élèves, d'ailleurs. Elle subit déjà des pressions car tout le monde pense qu'elle s'énerve pour rien.

Il s'agit d'éviter que la situation prenne de l'ampleur. Nous constatons qu'un travail sur la communication et l'écoute seront indispensables pour retrouver un climat scolaire serein.

9. ASTRID : « JE N'AI PAS MA PLACE DANS CE MONDE. PERSONNE NE ME PARLE ; UNE VÉRITABLE EXCLUE. JE ME SCARIFIE LES POIGNETS. »

• La vision du jeune

Astrid est en classe de 2nde et se scarifie les poignets dans les toilettes. Elle en fait part à de nombreux camarades, de façon régulière, parlant même de vouloir mettre fin à ses jours... Le mot « tentative de suicide » revient de façon régulière aux oreilles de ses proches (dont ses parents). L'ambiance de classe est de fait pesante, puisqu'élèves et professeurs sont soucieux. Astrid a accepté un suivi psychologique, mais ses menaces sont régulières et deviennent lourdes à gérer pour ses camarades.

• Sa préoccupation majeure suite à l'entretien de coaching

Suite à un entretien avec Astrid, il s'avère que les menaces de scarification auprès de ses camarades sont nombreuses, et Astrid se rend compte que dans sa détresse, c'est elle qui « harcèle » les autres, les plaçant dans des situations très délicates. « Soit j'écoute Astrid dans ses plaintes et sa détresse, soit je ne l'écoute pas et elle menace de se scarifier ou de donner fin à ses jours. » En se livrant davantage, Astrid nous révèle que ses parents sont en instance de divorce et qu'à la maison, elle n'a plus sa place, elle n'est pas écoutée. Elle se sent seule.

SUITE À L'ENTRETIEN AVEC UN ADULTE, DE QUOI ASTRID A-T-ELLE CONSCIENCE ?		
Je suis en détresse, je me scarifie les poignets.	Je menace de me scarifier si mes camarades ne m'écoutent pas dès que je veux leur parler.	Je mets une pression terrible sur mes camarades de classe. Mon problème à régler est basé sur le divorce de mes parents. Je me sens seule pour affronter cette préoccupation.

• Plan d'action suite à ce constat

Astrid a besoin d'aide et surtout d'écoute. Pour alléger le poids qu'elle met sur les épaules de ses camarades de classe, nous demanderons à Astrid de se rendre (dès qu'elle en ressent le besoin) à des « points écoute » organisés au sein de l'établissement scolaire. Nous demanderons également à Astrid d'élaborer des fiches étapes qu'elle pourra remplir à chaque situation positive qu'elle vivra, l'aidant dans la résolution de son problème. Nous définirons ensemble que plus Astrid sollicitera une aide organisée et structurée au sein de l'établissement, et plus les relations avec ses amis seront apaisées. À ce stade, la coopération avec ses parents sera primordiale.

Si cette posture de défense qui consiste à demander de l'aide via des menaces persiste dans différents contextes et que nous ne trouvons pas de solutions rapides, c'est la santé, voire la vie d'Astrid qui sera en jeu. Dans cette fragilité (que l'on peut dire maladroite) dont Astrid prend conscience suite à l'entretien de coaching, elle se sent mal et demande tout simplement de l'aide.

Il s'agit de vite réagir vite pour la sécurité de cette élève. À ce stade (tardif pour une prise en charge éducative), bien des signaux d'alerte auraient déjà dû être decelés. C'est pourquoi le présent ouvrage prône une prise en charge anticipée des états émotionnels de chacun, sans attendre que les phobies ou cas de harcèlement voient le jour.

***

À travers ces neuf cas, qui me semblent révélateurs de ce qui se passe de nos jours dans nos établissements scolaires, nous constatons :

• Que **Paul** se considère comme « nul » et qu'il s'agit de lui redonner confiance si l'on ne veut pas que cette sous-estime de lui-même l'entraîne dans une phobie scolaire. La source de ce problème se trouve en lui, en se détachant de la charge émotionnelle qu'il met dans la relation avec ses professeurs. La manière de s'y prendre pour gérer ses émotions sera construite au quotidien.

• Qu'**Anne** ne peut plus aller au collège et qu'elle est en phobie scolaire. Il s'agit là aussi de lui redonner confiance, notamment dans sa relation avec ses parents avant d'arriver en cours. Une démarche de gestion affective et émotionnelle sera à construire au quotidien avec elle et ses parents.

• Que **Pierre** est en stress permanent lors des évaluations. Il s'agit de lui donner des méthodes de travail lui redonnant confiance en lui, s'il ne veut pas être en phobie scolaire. Ce travail passera également par une gestion de ses émotions. La « pression scolaire » qu'il subit trouve sa source en lui : une sous-estime totale par des méthodes de travail non cohérentes par rapport au mode de restitution de ses contrôles.

• Que **Manon** perd ses moyens dès qu'elle prend la parole en public. Il s'agit pour elle d'arriver à parler devant un auditoire en ayant confiance. La pression qu'elle subit au quotidien (une forme d'intimidation extérieure) trouve sa source dans son manque de confiance face au regard des autres.

• Que **Florine** se sent tout le temps intimidé par les autres. Il s'agit avec elle d'élaborer des techniques pour construire des relations apaisées avec ses camarades. La pression au qu'elle vivait au quotidien (ses parents voulaient d'ailleurs porter plainte contre l'établissement) trouve sa source en elle : dans l'approche personnelle qu'elle doit travailler avec les autres élèves.

• Que **Favio**, qui prend la parole de façon intempestive (et sans s'en rendre compte), en intimidant les autres, doit construire ses différentes interactions au sein de son groupe classe. La manière de s'y prendre devra l'aider à construire son schéma d'intégration, de sociabilisation.

• Qu'**Antonin**, victime de nombreuses moqueries, est violent physiquement et verbalement envers ses camarades. La manière de faire pour préparer et organiser sa journée du lendemain lui permettra d'être plus à l'aise dans son corps (choix des habits la veille) et de ne plus subir de moqueries sur son physique. La manière de s'y prendre pour construire son schéma d'intégration dans un groupe trouvera également sa source en lui.

• Que **Lola** montre de la violence envers ses camarades dès qu'on la regarde soi-disant de travers... ce qui est en lien avec la défense de son image, ultra présente sur les réseaux sociaux. Il s'agit de construire chez Lola une image d'elle non centrée sur le paraître. De nombreuses valeurs et qualités peuvent s'exprimer autrement (par le travail, la solidarité entre amis, par le courage...). L'élaboration de fiches étapes permettra à Lola de valider chaque situation positive qu'elle vivra en dehors des réseaux sociaux.

• Qu'**Astrid**, qui menace ses camarades de se scarifier ou de donner fin à ses jours, a besoin de s'appuyer sur une écoute « organisée et structurée » dans son établissement, ou en dehors (suivi psychologique), au lieu d'imposer son besoin d'être entendue à son groupe classe. La manière de faire pour construire son schéma d'intégration avec les autres élèves passe par différents lieux d'écoute.

Au regard de ces neuf cas, qui résument de façon synthétique de nombreuses situations scolaires, je confirme que dans toutes les situations de phobie et d'intimidation (pour ne plus dire « harcèlement »), c'est un manque de confiance en soi, une sous-estime de soi qui est à l'origine des maux des élèves. À nous, adultes ou camarades, de fournir des armes de défense à ces jeunes qui ne se sentent pas capables de répondre de manière adéquate à ce qu'ils vivent. Effaçons les doutes, les émotions négatives, pour nous libérer et décider justement.

Les différentes démarches exposées dans ce livre ne s'appuient pas uniquement sur des méthodes comportementalistes, mais sur :

– une connaissance de soi basée sur l'expérience de chacun ; une construction de soi structurante passant par la recherche de signification « en acte » et par l'élaboration de schèmes d'action ;

– une nouvelle conception de l'enseignement, non plus « formelle » mais « fonctionnelle », centrée sur une technique où le jeune définit sa « manière de faire », « manière de s'y prendre » (il y aurait donc autant de techniques que d'enfants) ;

– une construction de soi en se libérant des différentes empreintes émotionnelles négatives que nous vivons (c'est grâce à l'approche CLEEN que chaque élève pourra personnellement appliquer cette technique en situation) ;

– un changement de nos représentations concernant les phobies et les cas de harcèlement, un travail sur soi à réaliser par tous les acteurs des différentes situations, et passant inévitablement par la construction de la confiance en soi.

II

LES DIFFÉRENTS COACHINGS ET LA QUESTIOLOGIE POUR PRENDRE CONSCIENCE ET RÉAGIR

1. La questiologie pour prendre la température émotionnelle

Une stratégie, indispensable pour tous les éducateurs, repose sur la régulation des émotions, véritable réponse à l'autre dans le but de lui faire prendre du recul sur son action. La questiologie (poser les bonnes questions lors d'une situation de crise émotionnelle) permet à la personne concernée de revenir sur son action, d'y réflechir, sans être colorée par les émotions négatives. Les travaux de Fréderic Falisse (découvrir la discipline des questions) nous aident à désamorcer des situations du quotidien chargées en émotion afin d'améliorer la qualité de la relation. Il s'agit d'« améliorer le questionnement en questions mobilisantes[10] ».

Cette démarche nous fait découvrir une méthodologie dans le questionnement à poser en situation. Par exemple, un élève arrivant dans le bureau de la vie scolaire en pleurs, ne pouvant parler car submergé par l'émotion. Le questionnement peut être de cet ordre :

• « Qu'est-ce qui s'est passé ? » (première question)

L'adulte, en posant cette première question, invite le jeune à avoir une posture d'observateur de lui-même. En général, l'élève met quelques secondes avant de répondre car il est surpris de la question formulée au passé. Ce n'est pas « ce qui est en train de se passer » à l'instant même. Cette phrase interrogative invite l'élève à prendre du recul sur lui-même. Certains élèves répondent même : « Quoi, c'est fini ? » Cette prise de distance fait redescendre la charge émotionnelle. C'est souvent un

10. Frédéric Falisse, *Questionnez mieux et gagnez en leadership*, Nextcellences, 2020.

moment important pour commencer enfin le dialogue, qui n'était pas possible auparavant.

• « Ça te fais quoi... d'avoir échoué / de ne pas avoir compris / de ne pas avoir été compris ? » (deuxième question)

Ce questionnement permet à l'élève d'être dans une posture d'introspection. En général, le jeune révèle ses fragilités, surtout si l'on prend le temps de s'asseoir à côté de lui et à son niveau. À ce stade, s'ouvrir à un adulte que le jeune connaît est un moment de délivrance. La relation qui s'instaure met en lumière un constat : « Effectivement, je n'arrive pas à... » Plus surprenant : c'est bien l'élève qui trouve seul sa fragilité. En ce sens, ce deuxième questionnement est primordial pour la suite.

• « Qu'est-ce que tu peux faire pour que cela n'arrive plus ? » (troisième question)

L'adulte incite l'élève à se centrer sur l'action future à réaliser, et l'élève est alors placé en posture d'acteur. C'est une véritable réflexion à laquelle l'élève va se livrer oralement, dans un premier temps. Cette période peut prendre du temps ; il s'agit alors pour l'éducateur d'accompagner le jeune (sans lui donner la ou les solutions). À ce stade, il reste encore une petite charge émotionnelle qui s'estompera en demandant à l'élève d'écrire sur une feuille blanche ses solutions pour que la situation stressante qu'il a vécue puisse être surmontée rapidement et surtout, si possible, sans aide extérieur. L'écriture va structurer la pensée de l'élève et le mettre en confiance pour la prochaine fois.

• « Qu'est-ce que tu cherches à faire ? » ou « Qu'est-ce que tu fais quand tu fais ça ? » (quatrième question)

Cette dernière question va permettre un ancrage des solutions de l'élève pour passer à l'action. Le fait de doubler le verbe d'action va mettre l'élève dans une posture « métacognitive », c'est-à-dire qu'il va réfléchir aux finalités, au sens de ses futures actions.

L'ensemble de ces questions fait partie d'un processus qui engage l'élève vers une conduite de plus en plus raisonnée, vers une expression de lui-même plus responsable, en prenant en compte sa propre expérience.

L'exemple de Louis

À la fin de la récréation, Louis arrive énervé et en pleurs en vie scolaire. L'éducatrice de vie scolaire, Amandine (déjà formée à la questiologie), pose la première question : « Louis, que s'est-il passé pour que tu sois dans cet état ? »

Après quelques secondes d'hésitation…

— Quoi, qu'est ce qui s'est passé ? Ce sont les autres qui me traitent de gros… Ils n'arrêtent pas de me harceler depuis ce matin. J'en ai marre de ma classe !

— D'accord, Louis, calme-toi. Dis-moi, ça te fait quoi de ne pas avoir été compris par tes camarades de classe ? [deuxième question].

— Ce n'est pas toute la classe, mais seulement deux camarades qui se moquent de moi, Jules et Thomas. Ils me disent que je suis gros, mais c'est parce que je n'ai pas pris le bon polo ce matin : il me serre et on voit mon nombril et mon ventre. Ce n'est pas de ma faute, j'étais pressé pour arriver à l'heure au collège.

— Ha, je comprends, Louis. Tu t'es levé en retard, c'est ça ? Et tu t'es tellement dépêché que tu n'as pas pris le temps de choisir ton polo ? [Hochement de la tête de Louis avec enfin un regard qui se lève en direction de l'éducatrice.] Alors, qu'est-ce que tu peux faire pour que cela n'arrive plus ? [troisième question].

— Ben madame, je crois que si je m'étais levé plus tôt, j'aurais pu choisir mon polo, et en plus je n'ai pas déjeuné… Je peux choisir ma tenue le soir avant de me coucher, je le sais, mes parents me l'ont déjà dit.

— Tu vois, Louis, cela fait beaucoup de raisons dès ce matin pour que la journée se passe mal, ne crois-tu pas ? [Nouveau grand hochement de tête pour approuver ce que dit l'éducatrice.] Tu parles de harcèlement, mais tu te rends compte que c'est seulement depuis ce matin qu'ont lieu les brimades ? Et qu'en plus tu les as favorisé, sans le faire exprès, bien sûr ? Alors tu m'as dit que tu allais te lever plus tôt, choisir tes affaires la veille pour le lendemain... Bien, voilà des choses positives. Alors maintenant, laisse-moi te poser une dernière question : qu'est-ce que tu cherches à faire quand tu le lèves plus tôt et qu'est-ce que tu cherches à faire quand tu choisis tes habits le soir ? [quatrième question]

— Quand je me lève plus tôt, je cherche à déjeuner pour être bien en cours, et quand je choisis mes habits le soir, je cherche à être à la fois à être à l'heure en cours et bien habillé pour ne pas subir de moqueries comme aujourd'hui.

— Bravo, Louis, je crois que nous avons fait le tour. Je vais tout de même passer voir tes camarades pour leur expliquer ce qui s'est passé ce matin. Mais tu peux aussi avoir le courage de le faire, n'est-ce pas ?

(En général, avec les jeunes de 11-12 ans, il est nécessaire qu'un adulte accompagne l'élève dans cette démarche. Après 13 ans, les jeunes arrivent à se prendre en main grâce à la prise de recul que l'éducatrice à mise en scène.)

À travers cet exemple, nous constatons que la questiologie prend en compte la gestion des émotions au quotidien, introduisant une prise de recul non négligeable pour les adolescents affrontant le regard des autres.

Louis, qui se sentait harcelé, aurait pu en parler à ses parents le soir même... et en général, les parents reprennent le mot de « harcèlement » lors d'une rencontre avec un des responsables de l'établissement, alors que bien souvent, ce sont des circonstances créées par l'élève qui sont la source de son atteinte psychologique ou émotionnelle.

Ce genre de schéma reflète 95 % des cas de harcèlement en milieu scolaire.

Le schéma intitulé « Prendre soin de la relation à l'école » pose une question : le fait de résoudre un cas de harcèlement par la questiologie représente-t-il une solution durable ?

PRENDRE SOIN DE LA RELATION À L'ÉCOLE
(approche « somato-émotionnelle » : PNL, Questiologie, CLEEN)

Si une parole, une consigne de travail, une entrée en cours ou une conduite suscite une émotion (colère, peur, tristesse, agacement, stress, phobie...)

↓

PRENDRE EN COMPTE SA POSTURE, SA PAROLE, PAR LA QUESTIOLOGIE.

↓

1> Posture Observateur :
« Qu'est-ce qui s'est passé ? »
On revient au calme sans émotion car la question invite à la prise de distance.

↓

2> Posture Introspection :
« Ça te fait quoi d'avoir échoué ? »
« Ça te fait quoi de ne pas avoir compris ? »
La personne révèle ses fragilités.

↓

3> Posture Acteur :
« Qu'est-ce que tu peux faire pour que cela n'arrive plus ? »
On se centre sur l'action à réaliser.

↓

4> Posture Méta :
« Qu'est-ce que tu cherches à faire ? »
ou
« Qu'est-ce que tu fais quand tu fais ça ? »
Doubler le verbe pour déclencher le processus d'apprentissage ou schème.

↓

L'élève est accompagné dans son engagement avec amélioration constatée avec l'autre camarade... mais cette amélioration est temporaire.

↓

Amélioration de la qualité de la relation à l'instant « t », mais est-ce durable, définitif ?

↓

PRENDRE EN COMPTE SES ÉMOTIONS DURABLEMENT, C'EST LIBÉRER LES ÉMOTIONS NÉGATIVES EN SOI ET DANS SON CORPS.
Coaching sur les émotions (Cleen).

On peut constater, en accompagnant les élèves dans leur engagement (les actions à mettre en place pour que le problème n'arrive plus), que les relations de tension avec les jeunes s'estompent. Souvent nous notons de véritables résolutions, également approuvées par les parents. Cependant, si les élèves comme Louis sont sensibles aux moqueries au point d'exploser émotionnellement, ne s'agit-il pas de redonner à ces jeunes confiance en eux-mêmes ?

Louis est « empreinté » émotionnellement. Si bien qu'après quelques semaines de bonnes résolutions (il se lève tôt, choisit ses vêtements la veille...), il a l'impression que tous ses camarades se moquent de lui pour pas grand-chose. Il s'agit donc de travailler sa confiance afin qu'il sache se défendre du regard des autres, qu'il s'affirme, et qu'il ne soit plus sujet au harcèlement.

C'est là que le coaching CLEEN a toute sa place pour traiter le problème de façon durable : pour libérer la charge émotionnelle négative (Louis n'accepte pas le regard des autres) qui reste en lui.

2. Le coaching CLEEN pour libérer les émotions négatives et décider justement

À travers les exemples précédents, j'ai montré que le point de départ dans la grande majorité des cas de harcèlement est le manque d'estime de soi profond qui, installé depuis un certain temps, prolifère dans de nombreux domaines de la vie (à l'école, en sport, à la maison...). Il s'agit de libérer tout ce qui est négatif en soi pour redonner de la confiance.

Les travaux d'Anne-Brigitte de Courten et d'Alain Cayrol sur la libération émotionnelle montrent que, d'après les neurosciences, 97 % de nos actions sont guidées par nos émotions. C'est par la libération des empreintes émotionnelles négatives que chaque individu peut retrouver cette confiance. En effet, chaque élève, chaque adulte a vécu un jour ou l'autre un « traumatisme » ou « mini traumatisme » ayant créé chez lui une « empreinte émotionnelle négative » pouvant l'empêcher d'avancer au quotidien. Avec CLEEN, l'idée est de se libérer du négatif et de développer du positif. Cette approche nous permet de nous débarrasser de toutes les réactions émotionnelles qui nous font souffrir et nous limitent dans notre vie, en développant des conduites positives qui nous permettent de nous épanouir.

Avec les élèves, il s'agit de repérer, nettoyer les empreintes négatives pour que les réussites des jeunes leur permettent de prendre confiance dans le temps, d'une manière durable.

Cette technique, fondée sur plusieurs théories et pratiques (naturopathie, méditation pleine conscience, programmation neurolinguistique – ou PNL –, cerveau triunique...), permet à l'élève de se centrer sur lui-même, sur une connaissance de lui-même à travers une observation de son corps et d'un lâcher-prise. En d'autres termes, apprendre la technique CLEEN à un élève en pleine colère, c'est lui faire distinguer les trois points que le neurobiologiste Paul D. MacLean (auteur du modèle du cerveau triunique) met en avant: le mental ou les pensées (dans le néocortex), les émotions (dans le cerveau limbique) et les sensations corporelles (dans le cerveau reptilien). Différencier ces trois niveaux en état de crise permettrait de libérer son empreinte émotionnelle négative de façon durable.

Le seul fait de se centrer sur son émotion permet déjà à l'élève de couper le mental, ou les pensées, entraînant une interruption de son état interne. Ensuite, l'observation des sensations corporelles qui en découlent est un véritable moment de méditation pleine conscience, où les émotions sont traduites en sensations physiques (frissons, mal de ventre, boule à la gorge, oppression au niveau de la poitrine, mal à la tête, tremblements...).

La technique CLEEN se base sur une forme d'intelligence émotionnelle qui permet à l'élève de prendre conscience de ses émotions (puis de les comprendre et de les gérer) et de leur impact sur ses camarades. C'est pourquoi je réaffirme que le travail tant avec la victime qu'avec l'auteur du harcèlement est plus que nécessaire. L'auteur (ou les auteurs) du harcèlement doit prendre conscience de l'impact de ses émotions sur les autres. De ce point de vue, la technique CLEEN permet de traiter le harcèlement à contresens.

Enfin, s'il est indispensable de prendre conscience de la répercussion des émotions de chacun sur les autres, il est évident que prendre conscience de l'impact de ses propres émotions sur soi-même est une priorité pour éviter les *burn out* ou les phobies.

La technique CLEEN est efficace sur des blocages générés par nos émotions, nos pensées (impossibilité de parler en public ou de s'exprimer...), nos actions. Souvent, lorsque nous avons peur, ces blocages nous conduisent vers une logique d'évitement, de fuite : je suis harcelé, donc je quitte mon établissement scolaire ; j'ai trop de pression au travail, alors je change de milieu professionnel.

Au centre de ces inhibitions ou hyperréactivités, nous retrouvons toujours des empreintes inconscientes, souvent archaïques, qui échappent à la volonté de la personne et qui sont automatiquement réactivées. CLEEN permet d'identifier ces empreintes, de trouver le chemin qui mène à elles et de les désactiver.

Comme le montre le schéma ci-dessous (impulsé par les travaux de MacLean), le problème n'est pas mental ou psychologique, il est physique (les sensations physiques sont les indicateurs de nos émotions).

Problème :
Situations d'intimidation au quotidien.

Niveau mental (néocortex, ou cerveau cartésien) :
Mes pensées, mon intellectuel font que je cherche une stratégie d'évitement, par exemple, car la situation est compliquée.

Niveau émotionnel (cerveau limbique) :
Mes émotions (peur, tristesse, colère...) font que je me retrouve dans un état qui n'est pas agréable à vivre, et qui conforte souvent la stratégie d'évitement.

Niveau sensoriel (cerveau reptilien, ou instinctif) :
Mes sensations physiques associées à ces situations sont souvent des oppressions thoraciques, une boule au ventre ou à la gorge, des maux de tête, des tremblements...
Si elles ne sont pas libérées, elles valident la logique d'évitement et de fuite.

La technique CLEEN, menée de front avec la pyramide inversée des états émotionnels (présentée dans les chapitres suivants), permet d'ouvrir facilement cet ascenseur cérébral et de libérer les sensations physiques primitives. En libérant ces sensations physiques désagréables, ce sont nos émotions négatives qui sont atténuées, ce qui permet de mener une réflexion pour décider justement (sans empreinte émotionnelle).

Pour résumer, c'est une véritable intelligence sociale qui est demandée à travers cette approche, une éducation à l'expression.

Intelligence intellectuelle Intelligence émotionnelle Intelligence du corps **> Vers une intelligence sociale**

Quand vous êtes envahi par une émotion indésirable, voilà la technique CLEEN à réaliser sur vous-même :

1. isolez-vous un instant ;
2. fermez les yeux ;
3. devenez l'observateur des sensations physiques qui accompagnent l'émotion ;
4. laissez-les évoluer d'elles-mêmes sans chercher à interférer ;
5. laissez-les continuer à évoluer jusqu'à ce que vous vous sentiez apaisé ;
6. repensez à ce qui vous perturbait.

Si l'émotion a disparu et que vous vous sentez bien, vous avez terminé.

S'il en reste encore des traces, recommencez depuis le début.

Vous pouvez ensuite utiliser une échelle de 0 à 10 pour mesurer le changement.

Lorsque l'élève est dans l'émotion, en fermant les yeux, il devient l'observateur des émotions en jeu. En les laissant évoluer sans chercher à interférer, les sensations physiques (parfois désagréables : état nauséeux, oppression, vertiges...) s'estompent après un, deux ou trois « passages ». Le fait de repenser à ce qui le perturbait permet à l'élève de mettre une note entre 0 et 10 pour mesurer le changement. Entre 0 et 2, l'élève montre que son émotion n'est plus intense, et qu'il pourra à l'avenir faire face à la même situation sans se charger émotionnellement. A contrario, s'il mesure une note de 3 à 10, il revivra la même situation avec angoisse. Dans ce cas, il devra refaire un « passage » pour diminuer la charge émotionnelle.

C'est ce qui se passe chez certains élèves que l'on dit « perfectionnistes ». Tant qu'ils ne sont pas satisfaits de leur travail, ils continuent, parfois pendant des heures, sur le même devoir. C'est souvent le cas pour les enfants précoces. Certains nous révèlent même une sensation physique de malaise lorsque leur devoir ne leur convient pas. Ils peuvent travailler jusqu'à ce que la sensation physique de malaise disparaisse. En ce sens, l'activité expressive qui consiste à préciser ou approfondir leur devoir est également une activité de libération des émotions négatives. Je continue jusqu'à être libéré et enfin apaisé par la qualité de mon travail.

Grâce à la technique CLEEN, nous constatons donc que l'empreinte émotionnelle négative est définitivement libérée.

Cependant, il s'agit au préalable de former l'adulte, les parents ou l'éducateur, à tenir une posture favorisant la confiance dans une relation parfois chaotique entre la victime et l'auteur. Une véritable posture du coach pour comprendre l'intention des jeunes, leurs projets d'action, leurs souhaits de transformation pour les accompagner au mieux.

3. LE VÉRITABLE COACHING ET LA POSTURE DU COACH POUR CLARIFIER LA SITUATION PRÉSENTE ET DÉFINIR UN PLAN D'ACTION

Si la questiologie que nous avons précédemment évoquée fait tomber la charge émotionnelle dans la relation entre l'adulte et le jeune en difficulté afin de pouvoir échanger, si la technique CLEEN libère de façon rapide et durable l'empreinte émotionnelle négative qui freinait l'élève dans sa vie, il convient maintenant d'accompagner au mieux l'élève qui doit faire des choix pour améliorer son quotidien.

C'est ce que propose le coaching : éclairer la situation présente pour définir son plan d'action.

• La maïeutique de Socrate pour se projeter dans l'avenir autrement

Ce qui différencie le coaching de la psychologie, c'est que le secret du changement réside dans le fait de concentrer toute son énergie à construire l'avenir, et non à lutter contre le passé.

L'approche socratique consiste à poser des questions en feignant de ne pas connaître la réponse. Elle donne un éclairage nouveau à des idées communes, à des croyances limitantes, considérées comme des vérités. Elle permet à son interlocuteur d'accéder à une ignorance non identifiée, d'où le « je sais que je ne sais rien, » voie royale de l'apprentissage, puisque justement, « la vraie sagesse est de savoir que vous ne savez rien ».

La maïeutique, ou art d'accoucher les esprits, consiste en un questionnement destiné à faire exprimer un savoir « caché en soi » et que l'on ne peut trouver qu'en soi. En d'autres termes, il s'agit de faire « accoucher » l'autre en lui permettant de plonger en lui-même pour trouver ses propres solutions. Le fameux « connais-toi toi-même ».

Le coaching, qui repose sur des postulats éthiques, avec un cadre déontologique bien précis, se situe dans le présent et se tourne vers l'avenir. Il donne un éclairage différent à des situations, à des modes de pensée et à des comportements souvent limitants, en faisant levier de motivation, d'énergie et d'action. En levant les interférences (ou obstacles), le « coaché » peut alors révéler son vrai potentiel. C'est sur ce potentiel qu'il est nécessaire de travailler avec les élèves victimes de harcèlement, car ils ont beaucoup de mal à se projeter et à trouver des solutions durables. C'est pourquoi l'adulte (parent éducateur) qui va travailler avec l'élève doit comprendre que sa posture est extrêmement importante pour que l'élève trouve sa solution « en lui ».

Ainsi, le coach est au service des intérêts de son « coaché », ce qui suppose une relation de forte confiance. Il est neutre, bienveillant, ne juge pas, ne conseille pas, n'interprète pas. Il est à l'écoute de l'élève et uniquement centré sur la vision du monde de ce dernier. Le rôle du coach est celui d'un facilitateur de solutions, de compétences, d'un révélateur de talents, d'une boussole... Ce n'est nu un conseiller, ni consultant ou un thérapeute. En ce sens, il n'a pas la réponse à toutes les situations.

• La programmation neurolinguistique (PNL) et la technique des six questions pour trouver « sa » solution

La posture du coach étant désormais comprise, donnons un exemple de coaching avec la « technique flash », souvent utilisée en milieu scolaire car elle permet de trouver quelques pistes d'action pour l'élève en une vingtaine de minutes.

Cette technique, issue de la programmation neurolinguistique, ou PNL[11], montre qu'en posant six fois la même question (ou presque la même) et en laissant de nombreux temps de silence pour que la réflexion puisse avoir lieu, l'élève trouve une piste pour révéler son potentiel, pour résoudre son problème…

Avec cette « technique flash », l'adulte va demander à l'élève d'aller chercher sa solution au fond de lui, via six questions :

1. « Qu'est-ce que tu sais à propos de… ? » ou « Qu'est-ce qui te préoccupe à propos de ton harcèlement ? »

> À travers cette première question, le coach énonce le thème, la situation présente.

2. « Et qu'est-ce que tu sais d'autre à propos de… » ou « Veux-tu m'en dire plus ? »

> Le coach demande à ce que soit explicitée la situation, avec plus de précisions. L'élève se replonge dans le contexte en détaillant ce qui a été négatif pour lui. Il retrace ce qu'il y a de désagréable dans la scène.

3. « Et maintenant, qu'est-ce que tu sais d'autre à propos de… » ou « Si tu veux aller plus loin, dans ta situation de harcèlement ? »

> Le coach renforce l'idée de ne rien oublier. L'élève a-t-il fait le tour de cette situation terrible pour lui ?

4. « Et maintenant ? » ou « Tu as dit que… C'est ça ? »

> Reprise de ce qui a été dit par l'élève, en lui demandant si c'est bien la bonne version que le coach lui donne. C'est un moment de bascule, car l'élève comprend qu'il doit passer à autre chose.

5. « Et maintenant ? » ou « Si maintenant on va au cœur de ce que tu as évoqué, quel problème as-tu ? »

---

11. Cf. Alain Cayrol et Josiane de Saint-Paul, *Derrière la magie : la PNL*, Interéditions, 1984.

> L'élève sort alors de son ancien système. Il veut faire une croix sur ses anciennes réactions et veut agir différemment. Souvent l'élève dit : « Si j'avais su, j'aurais... »

6. « Et maintenant ? » ou « Qu'est-ce que tu vas faire maintenant ? Quel est ton plan d'action ? »

> C'est une phase de renouveau ; le phénix qui renaît de ses cendres. En général, l'élève dit qu'il va faire telle action, à échéance immédiate. Ses décisions seront durables car les solutions viennent de lui et non d'une autre personne.

À ce stade, l'élève est vraiment décidé à se réaliser. À la fin de ce coaching, il est nécessaire que l'élève écrive son nouvel engagement en le signant avec la personne de confiance qui sera présente pour l'accompagner au quotidien (grâce aux différentes fiches pratiques décrites dans les prochains chapitres).

Grâce à ce type de coaching classique, le jeune doit être « en évocation » de son action[12]. Le sujet doit faire exister mentalement une situation qui n'était pas présente. C'est une activité où l'élève peut retrouver les images, les sons, les sensations de l'expérience passée en les faisant évoluer pour son futur plan d'action.

En général, nous pouvons confirmer que le jeune construit son plan d'action lorsqu'il montre certains indicateurs :

– son regard quitte son interlocuteur, se porte sur une autre base que celle du contact visuel avec son coach ;

– son rythme de parole ralentit, avec des silences plus nombreux ;

– la structure de sa verbalisation contient moins de généralisations, mais plus d'éléments descriptifs et sensoriels.

Le coach va donc guider cette mise en perspective qui révèle un contenu de conscience lorsque le jeune se penche sur son vécu. À l'instar de Kant, ne pourrait-on pas suggérer le passage d'une conscience obscure à une conscience claire ? « Les représentations claires [...] ne constituent que des points infiniment peu nombreux ouverts à la conscience ; il n'y a, pour ainsi dire, sur la carte immense de notre esprit, que quelques régions illuminées[13]. » De ce point de vue, pour que le sujet nous documente sur les processus cognitifs qu'il va mettre en œuvre dans son

12. Cf. P. Vermersch, *L'entretien d'explication*, ESF, 1994.

13. Emmanuel Kant, *Anthropologie du point de vue pragmatique*, Flammarion, 1994.

action, il nous faut attendre de lui un maximum de sincérité, posant la personne qui mène l'entretien en situation d'extériorité par rapport à ses propres actions (l'entretien ne peut pas se faire, par exemple, avec un membre de la famille ou avec un proche).

La personne menant l'entretien ou l'adulte référent aura comme lourde mission d'aider l'élève à se reconstruire, c'est-à-dire à développer ce que de nombreux théoriciens appellent le « schème de défense », nécessaire pour surmonter les cas de harcèlement et ancrer définitivement la confiance en soi.

Schéma récapitulatif

PRENDRE SOIN DE LA RELATION À L'ÉCOLE
(approche « somato-émotionnelle » : PNL, questiologie, CLEEN)

↓

PRENDRE EN COMPTE SA POSTURE, SA PAROLE, PAR LA QUESTIOLOGIE.

↓

1 > Posture Observateur :

« Qu'est-ce qui s'est passé ? »
On revient au calme sans émotion car la question invite à la prise de distance.

↓

2 > Posture Introspection :
« Ça te fait quoi d'avoir échoué ? »
« Ça te fait quoi de ne pas avoir compris ? »
La personne révèle ses fragilités.

↓

3 > Posture Acteur :

« Qu'est-ce que tu peux faire pour que cela n'arrive plus ? »
On se centre sur l'action à réaliser.

↓

4 > Posture Méta :

« Qu'est-ce que tu cherches à faire ? »
ou
« Qu'est-ce que tu fais quand tu fais ça ? »
Doubler le verbe pour déclencher le plan d'action.
ÉCRITURE DU PLAN D'ACTION.

↓

L'élève est accompagné dans son engagement avec amélioration constatée avec l'autre camarade. Si l'amélioration est définitive, on en resta là. L'élève est assez fort pour reprendre confiance.

L'élève est accompagné dans son engagement avec amélioration constatée avec l'autre camarade. mais l'amélioration est temporaire,

↓

AMÉLIORATION DE LA QUALITÉ DE LA RELATION À L'INSTANT « T », MAIS NON DURABLE. LA CONFIANCE EST PEU RETROUVÉE.

↓

PRENDRE EN COMPTE SES ÉMOTIONS DURABLEMENT, C'EST LIBÉRER LES ÉMOTIONS NÉGATIVES EN SOI ET DANS SON CORPS.

Coaching sur les émotions CLEEN.

1. Isolez-vous
2. Fermez les yeux
3. Devenez l'observateur de vos sensations physiques
4. Laissez évoluer sans interférer
5. Continuez jusqu'à l'apaisement
6. Repensez à ce qui vous perturbait et note de 0 à 10.

Refaire si nécessaire.

↓

LIBÉRÉ DES ÉMOTIONS NÉGATIVES, JE PEUX DÉCIDER JUSTEMENT GRÂCE AU « COACHING FLASH ».

1. Qu'est-ce qui te préoccupe à propos de ton harcèlement ?
2. Veux-tu m'en dire plus... ?
3. Si tu veux aller plus loin dans ta situation de harcèlement...
4. Tu as dit que... C'est ça ?
5. Si maintenant on va au cœur de ce que tu as évoqué, quel problème as-tu ?
6. Qu'est-ce que tu vas faire maintenant ? Quel est ton plan d'action ?

ÉCRITURE DU PLAN D'ACTION.

III

CONSTRUCTION ET TRANSFERT DE SON SCHÈME DE DÉFENSE – INVARIANTS DE CONFIANCE

Si la questiologie a permis de faire descendre émotionnellement la relation entre le jeune en difficulté et l'adulte pour pouvoir échanger ; si la technique CLEEN a permis de libérer de façon rapide et durable l'empreinte émotionnelle négative qui freinait l'élève dans sa vie ; si un véritable coaching de l'élève a permis d'éclairer la situation et de définir le plan d'action du jeune afin de vaincre le harcèlement... il s'agit maintenant de poursuivre en cohérence cette pédagogie de lutte contre les intimidations, en ancrant définitivement des invariants de défense ou de réponses appropriées à l'élève, et en lui donnant ainsi une entière confiance en lui face aux situations qu'il peut considérer comme agressives.

1. Le schème d'apprentissage pour se donner des outils de défense ou des outils de confiance

Nous devons permettre à nos jeunes de se construire durablement, tout au long de leur vie. Pour trouver la bonne méthode, attardons-nous sur ce que le constructivisme piagétien nomme « schème d'action ». Piaget montre que n'importe quelle connaissance comporte toujours un facteur fondamental d'assimilation qui confère une signification à ce qui est perçu ou conçu. En résumé, toute connaissance est liée à une action. Pour Piaget, les actions ne se succèdent pas au hasard, mais « se répètent et s'appliquent de façon semblable aux situations comparables[14] ».

Piaget l'appelle « schèmes d'action » ce qui est transposable, généralisable ou différenciable dans une action, d'une situation à l'autre. Ces schèmes se construisent peu à peu et donnent lieu à des différenciations par accommodation, c'est-à-dire que des modifications des schèmes d'assimilation s'opèrent sous l'influence des situations extérieures, du milieu. C'est ce qui caractérise l'aspect d'autorégulation, car les êtres vivants sont dotés « d'une logique de structure très compliquée, propre à assurer l'autonomie de l'être face à l'agression du milieu[15] ».

14. Jean Piaget, *Biologie et connaissance*, Gallimard, 1967.
15. *Idem*.

Ces schèmes se développent donc par des jeux d'« équilibration » et d'autorégulations croissantes. De plus, Piaget montre que « l'action est également la source des opérations, [...] parce que ces coordinations générales comportent certaines structures élémentaires suffisant à servir de point de départ [...] aux constructions ultérieures[16] ».

Ainsi, la construction des structures cognitives se trouverait dans les comportements opératoires, c'est-à-dire que des modèles sont construits indissociablement de l'action de l'expérimentateur. Piaget prend l'exemple de l'action sensori-motrice du jeune enfant qui découvre la transmission du mouvement et le rôle des poussées et des résistances : il faut « faire appel aux activités du sujet pour rendre compte des constructions précédentes[17] ». Des régularités pourraient donc être décelées.

Gérard Vergnaud, en s'inspirant de la théorie piagétienne, a accordé un statut important à ce qu'il nomme l'« invariant opératoire[18] » pour préciser que cette stabilité (« équilibration » pour Piaget) est nécessaire à l'action du sujet ; le critère de l'acquisition d'un invariant étant l'action opératoire. D'après Vergnaud, ce sont les schèmes qui rendent compte de l'organisation de l'activité du sujet dans une situation donnée, sachant qu'il existe des schèmes pour tous les domaines de l'activité (techniques, langagiers, symboliques, sociaux et affectifs).

Ainsi, pour qu'il construise sa confiance en lui, il s'agit de montrer que des régularités peuvent être repérées dans l'histoire du jeune. Le pôle assimilateur du schème aurait pour fonction de stabiliser, et le couplage acteur/environnement permettrait cette construction.

Plus qu'une carte mentale des moyens de défense que l'élève peut utiliser dans les cas de harcèlement, le schème est un maillage de « connaissances génériques qui organisent les conduites de manière relativement invariante dans un ensemble de situations[19] » que l'élève va percevoir comme similaires. En repérant ce maillage de connaissances (son schème d'action),

16. Jean Piaget, *Le Structuralisme*, « Que sais-je ? », 1968.
17. *Idem*.
18. Gérard Vergnaud, *La théorie des champs conceptuels, Recherche en didactique des mathématiques*, La pensée sauvage, 1991.
19. Michel Récopé (coord.), *L'Apprentissage*, EPS, 2001.

l'élève harcelé va d'abord « assimiler » (le « processus d'assimilation-accommodation » selon Piaget) les invariances dans ses différentes relations et conduites scolaires, puis « accommoder » lesdites invariances hors du milieu scolaire.

L'élève a par exemple repéré que lors des récréations, oser dire « non » à un élève mal intentionné permet d'établir une distanciation progressive et naturelle de cette relation non souhaitée. Ainsi, il « assimile » que la négation, dans différentes situations scolaires (en récréation, dans les couloirs pendant les changements de classe, aux toilettes...), est déjà une arme saine de défense. C'est une première étape de prise de confiance.

L'étape d'« accommodation » se fera lorsque l'élève aura pu transférer son schème de défense ailleurs qu'à l'école. Savoir par exemple dire « non » au sein de son équipe de rugby, sur une stratégie de jeu qui lui semble mettre toujours en valeur les mêmes joueurs... alors que le rugby est à la base un sport collectif. Transférer son schème de défense de l'école au sein de son club de rugby, en osant donner son avis où exprimer les raisons de son désaccord, est une véritable phase d'accommodation. Cette étape montre que sa confiance est complètement renforcée. Si l'élève ose également dire « non » à ses parents sur une éventuelle aide pour les devoirs du soir, en leur expliquant que « faire ses devoirs seul, c'est s'affirmer », la confiance est alors retrouvée. Ce jeune-là ne sera plus sujet au harcèlement.

L'affirmation de soi dans l'établissement scolaire constitue une première phase d'assimilation : l'élève comprend que reproduire son modèle de négation au collège (savoir dire « non » comme un autre camarade, qui sait bien le faire) est une première phase de prise de confiance.

Le passage de l'affirmation de soi du contexte scolaire au contexte fédéral (au sein de son club de sport), puis dans la structure familiale, constitue la phase d'accommodation : l'élève a su transférer son schème de défense (dire « non » et donner son avis) dans de nombreux contextes, bien différents les uns des autres. À ce stade, c'est une confiance retrouvée, que l'élève n'hésite pas à montrer.

Dans le contexte sportif, Tim Gallwey (auteur de la théorie de l'ancrage des habitudes) montre, à travers la préparation mentale du sportif, que l'objectif pour donner confiance est celui du « jeu intérieur » : engager l'état interne du jeune pour travailler la confiance.

En effet, si l'élève ou le sportif n'a pas confiance, toutes les tactiques du monde auront beau être mises en œuvre, elles ne l'aideront pas. Le « jeu interne » doit s'envisager pour surmonter les obstacles que l'on s'impose à soi-même, empêchant d'accéder à son plein potentiel.

Tim Gallwey identifie les « neurones miroirs » présents dans le cortex précentral, qui permettent au sportif ou à l'élève de s'activer lorsqu'il observe un autre individu en train d'exécuter la même action. Ainsi, pour reprendre l'exemple précédent, l'élève qui est dans sa phase d'assimilation a déjà repéré qu'un de ses camarades savait très bien dire « non ». Prendre son camarade en exemple, montre que les « neurones miroirs » jouent un rôle dans la cognition sociale, et notamment dans l'apprentissage « par imitation », première phase de la prise de confiance.

Tim Gallwey utilise le terme de *grooves*, de « routines », que nous pouvons observer dans de nombreux sports (golf, tennis, judo...), où chaque athlète construit sa prédisposition à se répéter pour se mettre en confiance.

Encore une fois, nous voyons que le rôle de l'adulte qui accompagne un jeune victime de harcèlement n'est pas de dénoncer, de donner des conseils (complètement extérieurs à l'élève), mais d'engager la victime vers son « schème de défense ou d'action », « son jeu intérieur » ou sa « routine » (selon les auteurs), afin de le faire gagner en confiance.

Je le répète : c'est à l'élève de trouver « sa » solution, grâce au travail de questionnement, de libération des empreintes négatives, de construction des schèmes de défense pour retrouver la confiance. Les adultes doivent être des « facilitateurs » de confiance. Les accompagnants, les parents ne doivent pas donner « leur » solution (souvent dans la sanction de l'autre, voire dans le judiciaire), car cela ne fait qu'amplifier la sous-estime d'elle-même de la victime, qui voit des personnes s'activer autour d'elles et prendre des décisions à sa place...

Restons chacun à notre place. Et faisons confiance aux éducateurs et personnels des établissements scolaires qui, je l'espère, continueront à se former grâce à nos contenus.

2. Construire son schème et repérer des invariants de confiance

Il s'agit pour l'élève de construire (dans le cadre d'un entretien hebdomadaire avec son coach ou son adulte référent) sa fiche pratique « schème d'action » pour organiser ses conduites futures.

Exemple 1 **Paul : « Je suis nul en cours. »** **Suite à l'entretien avec un adulte, de quoi Paul a-t-il conscience ?**		
Je suis nul en Maths ! (Le professeur a juste dit à l'ensemble de la classe que le niveau en Maths devait être plus élevé au deuxième trimestre.)	Mon professeur ne m'apprécie pas : il me demande de justifier mes résultats.	Mon professeur m'en veut personnellement.
La construction de mon nouveau schème d'action devrait passe par :		
Je sais repérer les consignes à destination des autres élèves et celles qui me sont destinées.	Je dois prendre conscience des exigences liées au Brevet, ce qui implique une justification des résultats, même en Maths.	Je dois comprendre que le professeur a des exigences liées au Brevet. Être exigeant ne signifie pas que le professeur déteste son élève.

Exemple 2 **Anne : « Je n'arrive plus à franchir la porte du collège. »** **Suite à l'entretien avec un adulte, de quoi Anne a-t-elle conscience ?**		
Je ne veux pas quitter mes parents le matin.	J'ai peur que mes parents m'abandonnent, car une parole blessante a été prononcée.	J'ai une boule au ventre le matin avant d'aller au collège.

↳

La construction de mon nouveau schème d'action devrait passe par :		
Retrouver la confiance avec mes parents en programmant un calendrier pour l'accompagnement de mes trajets à l'aller et au retour du collège.	Différencier la parole donnée sous le coup de l'émotion (la parole blessante de la maman car elle était en retard) et une parole d'amour ou un dialogue sincère en prenant le temps de se dire les choses.	Utiliser la technique CLEEN pour prendre conscience des situations qui me posent problème avant d'aller au collège et réguler mes émotions en conséquence.

Exemple 3 Pierre : « J'ai une oppression à la poitrine et une boule à la gorge lorsque je suis en évaluation. » Suite à l'entretien avec un adulte, de quoi Pierre a-t-il conscience ?		
Je perds mes moyens en situation de contrôle, pourtant je connais ma leçon (récitation à l'oral la veille).	À la simple vue de ma copie d'examen, je perds mes moyens, je panique.	Je sens venir une oppression à la poitrine dès la distribution de la copie.
La construction de mon nouveau schème d'action devrait passe par :		
Je repère les exigences de mes contrôles pour me mettre en confiance : j'apprends et je récite mes leçons par écrit, car la restitution de mes connaissances se fait à l'écrit et non à l'oral.	Le fait de réciter ma leçon par écrit me donne confiance. La simple vue de ma copie d'examen ne devrait plus me faire peur, car écrire me permet de structurer mes pensées, de clarifier mes idées. En écrivant, « je sais que je sais », donc j'ai confiance en moi.	Utilisation de la technique CLEEN pour prendre conscience des moments déclencheurs de l'angoisse et pour réguler mes émotions en conséquence.

Exemple 4 Manon : « Je perds mes moyens lorsque je veux parler en public. » Suite à l'entretien avec un adulte, de quoi Manon a-t-elle conscience ?		
Je n'ose pas prendre la parole en public.	Je n'ai pas peur du professeur, mais du regard des autres.	Les mots qui sortent de ma bouche sont succincts et « hachés ».
La construction de mon nouveau schème d'action devrait passe par :		
J'ose lever mon regard pour dire bonjour à mes camarades. Je dois m'affirmer face aux autres, leur parler, être plus avenante.	Je dois avoir confiance en moi et oser parler en public.	Je dois m'exprimer avec des phrases plus précises, car les mots ont une signification (mon expression assez pauvre est l'objet de moqueries).

Exemple 5 Florine : « Je suis harcelée au collège. Les adultes le savent, mais ça continue... Mes parents vont porter plainte. » Suite à l'entretien avec un adulte, de quoi Florine a-t-elle conscience ?		
Toutes les discussions de mes camarades sont centrées sur ma personne, ils disent du mal de moi, même par SMS ou sur les groupes de discussion.	Je me sous-estime au quotidien, je ne sais rien faire ! Tout est négatif autour de moi.	Je m'isole pendant les récréations et je ne me sens plus à ma place.

↳

La construction de mon nouveau schème d'action devrait passe par :		
Se dire les choses en face (présentiel) est beaucoup plus efficace que par SMS. Écrire par SMS réduit la sincérité des propos du fait du langage qui est souvent pauvre. De plus, les réseaux sociaux sont interdits aux moins de 13 ans.	Comme je ne sais pas communiquer avec les autres, la moindre parole est pour moi négative. Je dois être à l'écoute des autres plutôt que de rester centrée sur ma personne.	Je lève la tête en récréation et j'essaie d'aller vers les autres. Je peux me faire aider par une ou deux copines.

Exemple 6 Favio : « Les professeurs ne s'en prennent qu'à moi. Je suis harcelé verbalement par les adultes. » Suite à l'entretien avec un adulte, de quoi Favio a-t-il conscience ?		
À chaque fois que je veux prendre la parole, je ne suis pas interrogé. Je ne suis pas le seul à faire du bruit en classe. C'est injuste !	Je prends toutes les remarques pour moi, toutes les paroles sont perçues comme blessantes. J'ai provoqué une tension entre mes parents et les professeurs car je n'avais pas conscience de mes perturbations en classe.	J'ai constamment des remarques pour prise de parole intempestive en classe. Il faut que je travaille sur moi (modération de mes paroles).

↳

La construction de mon nouveau schème d'action devrait passe par :		
Je dois comprendre que chacun doit avoir un temps de parole. Il n'y a pas que moi en classe, nous vivons en groupe.	Si les consignes sont données à l'ensemble de la classe, je ne dois pas prendre celles qui ne me concernent pas pour moi. Je dois savoir repérer les consignes données pour mon cas et celles pour les autres.	Je dois réfléchir quelques secondes avant de prendre la parole afin de construire mes questions ou arguments, qui doivent être en relation avec le thème du cours.

Exemple 7 Antonin : « Tout le monde me regarde, c'est sûr que je suis gros, je me venge avec violence et tout le monde dit que je harcèle les autres. » Suite à l'entretien avec un adulte, de quoi Antonin a-t-il conscience ?		
Je m'énerve très souvent dès que l'on se moque de moi.	Je grandis beaucoup et mes habits sont souvent inadaptés à ma corpulence. Ils font ressortir mon embonpoint, source de moqueries.	Je dois choisir et préparer mes affaires la veille.
La construction de mon nouveau schème d'action devrait passe par :		
Je dois trouver qu'autres formes de communication et de défense que la violence. Je dois contrôler mon impulsivité.	Je dois travailler sur l'image que je renvoie aux autres et en tirer les conséquences.	Afin d'être à l'aise dans ma peau, je dois choisir des affaires amples, qui ne me serrent pas.

EXEMPLE 8 LOLA : « JE SUIS VIOLENTE VERBALEMENT DÈS QU'ON ME REGARDE DE TRAVERS. » SUITE À L'ENTRETIEN AVEC UN ADULTE, DE QUOI LALO A-T-ELLE CONSCIENCE ?		
J'ai mon image à défendre sur les réseaux sociaux et au collège. Tout le monde doit me respecter.	Je n'accepte pas la critique, même constructive.	Je suis source de tension car j'ai l'impression qu'on parle de moi constamment.
LA CONSTRUCTION DE MON NOUVEAU SCHÈME D'ACTION DEVRAIT PASSE PAR :		
Mon image n'est pas portée uniquement par mon physique : j'ai d'autres qualités et je dois les montrer.	Je dois comprendre que les autres peuvent m'aider.	Je dois prendre de la distance avec mon téléphone portable et les réseaux sociaux, car j'ai l'impression qu'on parle tout le temps de moi.

EXEMPLE 9 ASTRID : « JE N'AI PAS MA PLACE DANS CE MONDE. » SUITE À L'ENTRETIEN AVEC UN ADULTE, DE QUOI ASTRID A-T-ELLE CONSCIENCE ?		
Dès que je me sens exclue, je me scarifie les poignets dans les toilettes.	Je me plains souvent auprès de mes camardes, en disant que je ne veux plus être de ce monde. Ces plaintes deviennent même des menaces envers les autres : « Je vais me scarifier si tu ne m'écoutes pas. »	J'ai conscience que j'inquiète mon entourage avec mes paroles, mais je me sens seule depuis le divorce de mes parents.

↳

La construction de mon nouveau schème d'action devrait passe par :		
Si je me sens seule pendant la récréation, je me rends au point « écoute » de mon collège, il y a toujours quelqu'un pour dialoguer avec moi.	Je dois solliciter une aide « reconnue » dans l'établissement et hors de l'établissement (psychologue, par exemple) afin de rassurer mes camardes et réunir mes parents autour de mes sentiments actuels.	Je dois réfléchir à mon avenir en tant que future adulte, à mon métier, ce qui me permettra d'envisager mon idéal de vie : une projection positive de ma vie.

3. Repérer d'autres situations dans d'autres milieux pour renforcer sa confiance

Il s'agit pour l'élève de compléter sa fiche pratique « schème d'action » dans des situations et contextes différents, par exemple lors de l'entretien hebdomadaire avec son coach ou son adulte référent.

Pour reconstruire une confiance en soi suite à des cas de harcèlement ou de phobie, il s'agit de montrer que des régularités peuvent être repérées dans l'histoire du jeune. C'est le pôle « assimilateur » du schème, qui a pour fonction de stabiliser. Le couplage acteur/environnement permet cette construction.

Nous l'avons évoqué en début de chapitre : plus qu'une carte mentale des moyens de défense ou de construction que l'élève peut utiliser dans les cas de harcèlement ou de phobie, ce schème est un maillage de connaissances génériques qui organisent les conduites de manière relativement invariante dans un ensemble de situations que l'élève va percevoir comme similaires.

En repérant ce maillage de connaissances (son schème d'action), l'élève harcelé va d'abord « assimiler » les invariances dans ses différentes relations et conduites scolaires, puis « accommoder » ses inva conduites à tenir (son plan d'action), l'élève va s'expérimenter dans différents contextes (dans l'établissement d'abord, hors du système scolaire ensuite) afin d'ancrer profondément son schème d'action.

Lorsqu'un enfant dit « je suis nul au collège » (exemple de Paul), cette croyance, construite par ses mauvaises expériences de mémorisation, par exemple, peut se généraliser chaque fois qu'une situation prend l'apparence d'une leçon à apprendre. Le schème de mémorisation n'est donc pas construit. C'est seulement lorsque Paul se rendra compte qu'il est « empreinté » émotionnellement (il se sent nul) que l'adulte pourra lui apporter des éléments de méthodologie pour apprendre une leçon par cœur.

Autre exemple, concernant directement le corps enseignant : un professeur de Maths fait refaire un exercice aux élèves de sa classe car les notes lors du premier devoir étaient toutes mauvaises. Dans de très nombreux cas, les élèves ne remarquent pas que l'exercice proposé est analogue au précédent, donné et expliqué quelques jours plus tôt. Le professeur est en général dépité, car il découvre les mêmes problèmes, voire les mêmes notes, que la première fois. En effet, pour qu'un élève perçoive les similitudes entre différentes situations, il est nécessaire que l'enseignant construise des conditions pour *généraliser* – j'insiste sur ce terme – l'activité ou l'exercice.

En d'autres termes, si le professeur doit faire acquérir à ses élèves la notion de règle de proportionnalité, il s'agit de faire intégrer aux élèves que la technique de proportionnalité est applicable ou transférable dans une autre discipline (comme en Sciences Physiques en calculant le produit en croix sur le thème des tensions et des intensités, ou en Éducation Physique et Sportive avec le calcul des distances en fonction des différents temps de course).

Si ce transfère s'opère également hors du milieu scolaire, par exemple en cuisinant, en prenant conscience que les proportionnalités servent pour calculer le dosage des ingrédients pour réaliser un dessert, la généralisation validera définitivement la compétence du jeune dans différentes situations. L'apprentissage prendra alors tout son sens.

La réforme du collège va en ce sens, avec le développement des travaux interdisciplinaires (EPI) et le regroupement des matières scientifiques en classe de 6e (Sciences et Vie de la Terre, Sciences Physiques – Chimie, Technologie) sous l'appellation « sciences », facilitant le transfert des apprentissages.

L'assimilation-accommodation comme tendance à la généralisation des conduites utiles permet à l'élève de clarifier ses situations.

Cette assimilation passe par trois processus :

– la reproduction de l'activité (reproduire permet de construire des schèmes) ;

– la reconnaissance d'une similarité entre les situations antérieures et présentes (tout schème formé reconnaît les situations familières), le repérage d'invariants... ;

– la perception d'une adaptation nécessaire (le schème doit élargir son domaine d'assimilation pour s'adapter aux situations nouvelles).

La généralisation, pour les cas d'intimidation et les phobies, consiste à repérer ce qui est « transférable » pour s'adapter et se défendre.

La phase d'accommodation des connaissances est présentée dans les fiches pratiques suivantes.

Ainsi, un enfant en situation de phobie ou subissant des intimidations doit passer par :

– la reproduction des schèmes de confiance (quelles sont les situations que je dois travailler pour être confiant, pour me défendre) ;

– la reconnaissance les similarités des schèmes dans différentes situations en milieu scolaire (dans la cour, dans les temps de vie scolaire...) ;

– le repérage des situations nouvelles, où son schème d'action ou de défense a changé (par exemple, répondre oralement à son « ennemi » en restant calme), où il s'est accommodé.

La question qui se pose alors est la suivante : est-ce que je peux transférer mon schème de confiance dans des situations nouvelles en dehors du milieu scolaire ?

Retrouvons ce cheminement méthodique à travers nos neuf exemples de départ.

EXEMPLE 1 PAUL : « JE SUIS NUL EN COURS » SUITE À L'ENTRETIEN AVEC UN ADULTE, DE QUOI PAUL A-T-IL CONSCIENCE ?		
Je suis nul en Maths ! (Le professeur a juste dit à l'ensemble de la classe que le niveau en Maths devait être plus élevé au deuxième trimestre.)	Mon professeur ne m'apprécie pas : il me demande de justifier mes résultats.	Mon professeur m'en veut personnellement.
LA CONSTRUCTION DE MON NOUVEAU SCHÈME D'ACTION DEVRAIT PASSE PAR :		
Je sais repérer les consignes à destination des autres élèves et celles qui me sont destinées.	Je dois prendre conscience des exigences liées au Brevet, ce qui implique une justification des résultats, même en Maths.	Je dois comprendre que le professeur a des exigences liées au Brevet. Être exigeant ne signifie pas que le professeur déteste son élève.
JE REPÈRE LES INVARIANTS DE MON SCHÈME DE DÉFENSE DANS DES SITUATIONS DIFFÉRENTES AU SEIN DU CADRE SCOLAIRE.		
Je repère les phrases où le professeur généralise à l'ensemble des élèves (vous, la classe...) et les phrases qui me sont destinées (tu, Paul...).	Je prends conscience qu'une bonne démonstration en Maths implique de justifier tout ce qu'on avance.	Les exigences se trouvent dans la réalisation de mes exercices. Mon professeur prend le temps en début ou à la fin de l'heure pour prendre de mes nouvelles.

Quels sont les invariants de mon schème de défense que je transfère dans des situations hors du système scolaire ?		
Je repère au sein de ma famille les consignes qui sont données pour mes frères et sœurs et celles qui me sont directement destinées. Je demande même à mes parents de reformuler si besoin.	La démonstration est valable dans toutes les disciplines, mais aussi dans toutes les décisions à prendre. Grâce à mes arguments, qui confortent mes décisions, j'ai beaucoup plus confiance en moi.	J'ai souvent besoin d'empathie. Je n'hésite plus à demander des nouvelles aux autres, pour que l'on se soutienne mutuellement.

Exemple 2 Anne : « Je n'arrive plus à franchir la porte du collège. » Suite à l'entretien avec un adulte, de quoi Anne a-t-elle conscience ?	
Je ne veux pas quitter mes parents le matin.	J'ai peur que mes parents m'abandonnent car une parole blessante a été prononcée. J'ai une boule au ventre le matin avant d'aller au collège.
La construction de mon nouveau schème d'action devrait passe par :	
Retrouver la confiance avec mes parents en programmant un calendrier pour l'accompagnement de mes trajets à l'aller et au retour de l'école.	Différencier la parole donnée sous le coup de l'émotion (la parole blessante de la maman car elle était en retard) et une parole d'amour ou un dialogue sincère en prenant le temps de se dire les choses. Je dois utiliser la technique CLEEN pour prendre conscience des situations qui me posent problème avant d'aller au collège et réguler mes émotions en conséquence.

↳

Je repère les invariants de mon schème de défense dans des situations différentes au sein du cadre scolaire.	
Retrouver des situations de confiance et de bien-être au collège. J'aime aller au CDI entre midi et 14 heures, j'aime parler avec ma référente scolaire et deux de mes camarades.	Je sais repérer au collège les moments où je peux parler librement avec mes camarades (CDI, cellule « écoute »...) pour échanger des paroles sincères. Je sais également m'isoler pour réguler mes émotions avec ma technique CLEEN.
Quels sont les invariants de mon schème de défense que je transfère dans des situations hors du système scolaire ?	
Je demande à mes parents de retrouver mes deux camarades pour le week-end, ce qui confortera ma confiance pour me rendre au collège.	Je m'organise avec mes parents des moments dans la semaine où je suis avec eux, pour ne parler que de nous et de nos relations (cinéma, moments de partage autour de repas...). Je prends conscience que j'ai des amis que je vois en dehors de l'établissement et sur lesquels je peux compter au sein du collège la semaine.

Exemple 3 Pierre : « J'ai une oppression à la poitrine et une boule à la gorge lorsque je suis en évaluation. » Suite à l'entretien avec un adulte, de quoi Pierre a-t-il conscience ?		
Je perds mes moyens en situation de contrôle, pourtant je connais ma leçon (récitation à l'oral la veille).	À la simple vue de ma copie d'examen, je perds mes moyens, je panique.	Je sens venir une oppression à la poitrine dès la distribution de la copie.

<table>
<tr><th colspan="3">LA CONSTRUCTION DE MON NOUVEAU SCHÈME D'ACTION DEVRAIT PASSE PAR :</th></tr>
<tr><td>Je repère les exigences de mes contrôles pour me mettre en confiance : j'apprends et je récite mes leçons par écrit, car la restitution de mes connaissances se fait à l'écrit et non à l'oral.</td><td>Le fait de réciter ma leçon par écrit me donne confiance. La simple vue de ma copie d'examen ne devrait plus me faire peur, car écrire me permet de structurer mes pensées, de clarifier mes idées. En écrivant, « je sais que je sais », donc j'ai confiance en moi.</td><td>Utilisation de la technique CLEEN pour prendre conscience des moments déclencheurs de l'angoisse et pour réguler mes émotions en conséquence.</td></tr>
<tr><th colspan="3">JE REPÈRE LES INVARIANTS DE MON SCHÈME DE DÉFENSE DANS DES SITUATIONS DIFFÉRENTES AU SEIN DU CADRE SCOLAIRE.</th></tr>
<tr><td>Je n'ai plus besoin d'aide pour réciter mes leçons, j'apprends puis je récite par écrit toutes mes leçons.</td><td>Grâce à la technique de la « page blanche », je restitue mes leçons par écrit, aussi bien en Histoire qu'en Maths. Le fait d'écrire me donne confiance : « Je sais que je sais », donc je ne panique plus.</td><td>Le matin avant l'examen, j'utilise ma technique de libération des émotions en fermant les yeux et en reprenant le déclencheur de mes angoisses. Ce temps de méditation pleine conscience me fait prendre du recul.</td></tr>
<tr><th colspan="3">QUELS SONT LES INVARIANTS DE MON SCHÈME DE DÉFENSE QUE JE TRANSFÈRE DANS DES SITUATIONS HORS DU SYSTÈME SCOLAIRE ?</th></tr>
<tr><td colspan="2">Je m'organise dans la vie de tous les jours en écrivant soit sur un papier soit sur l'agenda de mon téléphone portable mes tâches à faire. Cela me met en confiance d'avoir ces points d'appui sur moi. Je partage mon agenda informatique avec ma famille, ce qui nous permet de ne rien oublier, et surtout de m'organiser en toutes circonstances (planification de mes temps de révision, mais aussi de mes temps de pause en famille ou avec mes amis).</td><td>Dès que j'ai une sensation de stress ou de panique (mauvaise gestion du temps, perte de confiance en moi...), j'arrive à m'isoler quel que soit le lieu pour appliquer ma technique CLEEN.</td></tr>
</table>

Exemple 4 Manon : « Je perds mes moyens lorsque je veux parler en public. » Suite à l'entretien avec un adulte, de quoi Manon a-t-elle conscience ?		
Je n'ose pas prendre la parole en public.	Je n'ai pas peur du professeur, mais du regard des autres.	Les mots qui sortent de ma bouche sont succincts et « hachés ».
La construction de mon nouveau schème d'action devrait passe par :		
J'ose lever mon regard pour dire bonjour à mes camarades. Je dois m'affirmer face aux autres, leur parler, être plus avenante.	Je dois avoir confiance en moi et oser parler en public.	Je dois m'exprimer avec des phrases plus précises, car les mots ont une signification (mon expression assez pauvre est l'objet de moqueries).
Je repère les invariants de mon schème de défense dans des situations différentes au sein du cadre scolaire.		
Je dis bonjour à chacun de mes camarades.	Je prends part à quelques conversations avec mes camarades.	J'arrive à utiliser une dizaine de phrases d'accroche avec mes amis au collège qui me mettent en confiance.
Quels sont les invariants de mon schème de défense que je transfère dans des situations hors du système scolaire ?		
J'ose dire bonjour dans les commerces où je me rends au quotidien.	J'arrive à dialoguer à table avec mes parents sur ce que j'aime faire au collège.	J'arrive à utiliser mes phrases d'accroche avec mes parents. Je communique mieux car j'utilise des phrases construites. On me regarde différemment, on m'écoute.

Exemple 5 Florine : « Je suis harcelée au collège. Les adultes le savent, mais ça continue... Mes parents vont porter plainte. » Suite à l'entretien avec un adulte, de quoi Florine a-t-elle conscience ?		
Toutes les discussions de mes camarades sont centrées sur ma personne, ils disent du mal de moi, même par SMS ou sur les groupes de discussion.	Je me sous-estime au quotidien, je ne sais rien faire ! Tout est négatif autour de moi.	Je m'isole pendant les récréations et je ne me sens plus à ma place.
La construction de mon nouveau schème d'action devrait passe par :		
Se dire les choses en face (présentiel) est beaucoup plus efficace que par SMS. Écrire par SMS réduit la sincérité des propos du fait du langage qui est souvent pauvre. De plus, les réseaux sociaux sont interdits aux moins de 13 ans.	Comme je ne sais pas communiquer avec les autres, la moindre parole est pour moi négative. Je dois être à l'écoute des autres plutôt que de rester centrée sur ma personne.	Je lève la tête en récréation et j'essaie d'aller vers les autres. Je peux me faire aider par une ou deux copines.

↳

Je repère les invariants de mon schème de défense dans des situations différentes au sein du cadre scolaire.		
Pour vérifier l'exactitude des propos, je vais « à la source ». Je rencontre la personne concernée. Je constate que les relations sont beaucoup plus saines. Je pense que j'étais un peu paranoïaque ! J'en ai parlé à mes parents et nous ne voulons plus porter plainte.	J'apprends des techniques de communication consistant à écouter d'abord avant de prendre la parole.	Mes camarades m'intègrent régulièrement pendant la récréation pour faire connaissance avec d'autres.
Quels sont les invariants de mon schème de défense que je transfère dans des situations hors du système scolaire ?		
Pour vérifier les informations, j'achète le journal et je me fais une opinion. J'arrive à repérer d'où vient la source de l'information dans les articles de presse. Je sais différencier les ragots, les *fake news* et les informations justes.	J'ai suivi un journaliste professionnel pendant deux jours et j'ai étudié sa manière de faire lors des interviews. J'applique cette technique d'écoute à chaque fois que je rencontre un membre de ma famille. Cette écoute est constructive et positive pour la suite des échanges.	Rester seul ne sert à rien. Nous sommes des « êtres de relations ». J'aime adhérer à des associations culturelles et sportives pour rencontrer des gens.

Exemple 6 Favio : « Les professeurs ne s'en prennent qu'à moi. Je suis harcelé verbalement par les adultes. » Suite à l'entretien avec un adulte, de quoi Favio a-t-il conscience ?		
À chaque fois que je veux prendre la parole, je ne suis pas interrogé. Je ne suis pas le seul à faire du bruit en classe. C'est injuste !	Je prends toutes les remarques pour moi, toutes les paroles sont perçues comme blessantes. J'ai provoqué une tension entre mes parents et les professeurs car je n'avais pas conscience de mes perturbations en classe.	J'ai constamment des remarques pour prise de parole intempestive en classe. Il faut que je travaille sur moi (modération de mes paroles).
La construction de mon nouveau schème d'action devrait passe par :		
Je dois comprendre que chacun doit avoir un temps de parole, il n'y a pas que moi en classe, nous vivons en groupe.	Si les consignes sont données à l'ensemble de la classe, je ne dois pas prendre celles qui ne me concernent pas pour moi. Je dois savoir repérer les consignes données pour mon cas et celles pour les autres.	Je dois réfléchir quelques secondes avant de prendre la parole afin de construire mes questions ou arguments, qui doivent être en relation avec le thème du cours.

↳

Je repère les invariants de mon schème de défense dans des situations différentes au sein du cadre scolaire.		
Pour prendre la parole en classe, je note préalablement ma question sur un brouillon, cela me permet de construire ma prise de parole. Mes interventions sont donc pertinentes. Mes professeurs me font confiance.	En classe, je note les consignes qui me concernent directement sur un brouillon. Les consignes concernant la classe ne sont pas notées par mes soins.	Si je dois répondre à une question, je compte cinq secondes avant de prendre la parole. Cela me fait prendre du recul sur la qualité de ma réponse. J'évite ainsi d'être hors sujet.
Quels sont les invariants de mon schème de défense que je transfère dans des situations hors du système scolaire ?		
Avant de demander à mes parents une autorisation de sortie avec mes camarades, je prends le temps d'écrire mes arguments. Grâce à ce dispositif, je me rends compte que j'arrive à prendre du recul sur mes demandes. Je peux « oser », mais en étant clairvoyant sur les tenants et les aboutissants de ma demande (danger, sécurité...).	Je me rends compte que je suis un garçon ayant plein d'idées en tête. Cela peut gêner mes interlocuteurs qui me considèrent comme instable. Lors de discussions avec ma famille, j'essaie de garder les idées qui sont en relation avec le thème abordé par les adultes. Je m'aperçois que grâce à cela, je développe la notion d'écoute des autres.	Je sais reconnaître en public que je suis plein d'imagination et que parfois je déborde... Oser affirmer ses fragilités, c'est souvent rassurant pour l'entourage. Je me rends compte que c'était plutôt moi qui « harcelais » les autres.

Exemple 7 **Antonin : « Tout le monde me regarde, c'est sûr que je suis gros, je me venge avec violence et tout le monde dit que je harcèle les autres. »** **Suite à l'entretien avec un adulte, de quoi Antonin a-t-il conscience ?**		
Je m'énerve très souvent dès qu'on se moque de moi.	Je grandis beaucoup et mes habits sont souvent inadaptés à ma corpulence. Ils font ressortir mon embonpoint, source de moqueries.	Je dois choisir et préparer mes affaires la veille.
La construction de mon nouveau schème d'action devrait passe par :		
Je dois trouver qu'autres formes de communication et de défense que la violence.	Je dois travailler sur l'image que je renvoie aux autres et en tirer les conséquences.	Afin d'être à l'aise dans ma peau, je dois choisir des affaires amples, qui ne me serrent pas.
Je repère les invariants de mon schème de défense dans des situations différentes au sein du cadre scolaire.		
J'ai besoin de me défouler et je prends conscience que contrôler mon impulsivité passe par une pratique sportive au collège. Grâce à l'activité rugby, je constate différentes formes de communication sur le terrain : verbales, tactiles, physiques, visuelles...	Je prends conscience qu'en m'habillant avec des vêtements plus larges, je me sens mieux (moins serré), ce qui me met plus à l'aise en termes de sensations physiques. De plus, mon image auprès des autres s'améliore car elle n'est plus source de moqueries (avant on voyait mon ventre, le haut de mon postérieur...). Je constate que je ne m'énerve plus.	

↳

Quels sont les invariants de mon schème de défense que je transfère dans des situations hors du système scolaire ?	
Je m'inscris également au club de rugby de ma ville, où on me sélectionne en tant que pilier dans la mêlée. J'apprends à accepter ma corpulence, les joueurs de la mêlée se nomment « les gros ». J'apprends que « les petits » (ailiers) et « les gros » ont chacun leur importance dans le jeu.	J'ai appris que j'étais respecté en milieu scolaire et en dehors (club) car la violence physique est codifiée (avec des règles). Grâce au choix de mes affaires la veille, je prends le temps d'organiser ma journée du lendemain (faire mon cartable, mais également mon sac de sport). J'arrive à anticiper.

Exemple 8 Lola : « Je suis violente verbalement dès qu'on me regarde de travers. » Suite à l'entretien avec un adulte, de quoi Lalo a-t-elle conscience ?		
J'ai mon image à défendre sur les réseaux sociaux et au collège. Tout le monde doit me respecter.	Je n'accepte pas la critique, même constructive.	Je suis source de tension car j'ai l'impression qu'on parle de moi constamment.
La construction de mon nouveau schème d'action devrait passe par :		
Mon image n'est pas portée uniquement par mon physique : j'ai d'autres qualités et je dois les montrer.	Je dois comprendre que les autres peuvent m'aider.	Je dois prendre de la distance avec mon téléphone portable et les réseaux sociaux, car j'ai l'impression qu'on parle tout le temps de moi.

↳

Je repère les invariants de mon schème de défense dans des situations différentes au sein du cadre scolaire.		
Mes parents ne supportent plus les SMS et les messages que je reçois sur les réseaux sociaux. Je dois me rendre au commissariat. Les anciennes copines de ma classe également. Mes parents me disent qu'avec la justice, tout rentrera dans l'ordre.	J'ai du mal à considérer les remarques des autres, je les prends toujours comme des critiques négatives. En notant précisément les mots de mes copines, je m'aperçois qu'il n'y a rien de blessant alors que je pensais le contraire. Le fait d'écrire me fait prendre du recul et structure mes pensées.	J'éteins complètement mon téléphone portable au sein du lycée. Je ne le consulte qu'en fin d'après-midi.
Quels sont les invariants de mon schème de défense que je transfère dans des situations hors du système scolaire ?		
L'intervention de la justice me servira dans d'autres domaines de la vie quotidienne (harcèlement au travail ou dans la rue).	Je m'aperçois qu'en notant à l'écrit ce que j'entends sur moi en famille, par exemple, j'arrive à répondre de façon sereine et non agressive. Je joue même avec les mots pour remettre les choses à leur place.	Mon téléphone portable est laissé dans le salon avant de me coucher. Avant de poster un commentaire sur les réseaux, je l'écris au brouillon pour vérifier qu'il n'est pas blessant. Je m'interdis parfois certains commentaires, sur des choses qui ne me concernent pas ou peu.

Exemple 9 **Astrid : « Je n'ai pas ma place dans ce monde. »** **Suite à l'entretien avec un adulte, de quoi Astrid a-t-elle conscience ?**		
Dès que je me sens exclue, je me scarifie les poignets dans les toilettes.	Je me plains souvent auprès de mes camardes, en disant que je ne veux plus être de ce monde. Ces plaintes deviennent même des menaces envers les autres : « Je vais me scarifier si tu ne m'écoutes pas. »	J'ai conscience que j'inquiète mon entourage avec mes paroles, mais je me sens seule depuis le divorce de mes parents.
La construction de mon nouveau schème d'action devrait passe par :		
Si je me sens seule pendant la récréation, je me rends au point « écoute » de mon collège, il y a toujours quelqu'un pour dialoguer avec moi.	Je dois solliciter une aide « reconnue » dans l'établissement et hors de l'établissement (psychologue, par exemple) afin de rassurer mes camardes et réunir mes parents autour de mes sentiments actuels.	Je dois réfléchir à mon avenir en tant que futuro adulte, à mon métier, ce qui me permettra d'envisager mon idéal de vie : une projection positive de ma vie.

<table>
<tr><th colspan="3">JE REPÈRE LES INVARIANTS DE MON SCHÈME DE DÉFENSE DANS DES SITUATIONS DIFFÉRENTES AU SEIN DU CADRE SCOLAIRE.</th></tr>
<tr><td>Dès que je me sens seule, je suis perdue. Je me suis livrée lors du point « écoute » en précisant que mes parents sont en instance de divorce. Le mythe de la famille unie s'écroule… Les adultes du point « écoute » me guident dans mon organisation quotidienne au collège (deux livres par matière – un pour chez chacun de mes parents –, un casier…).</td><td>Mes camarades savent que je suis entre de bonnes mains. Ils sont rassurés car :
– le chef d'établissement nous a réunis avec ma famille pour leur faire part de mon inquiétude et de mes scarifications ;
– une thérapie familiale va être mise en place suite à cette réunion, ce qui va nous aider.</td><td>Avec l'aide d'un professionnel, je réalise un coaching d'orientation afin de clarifier mes préoccupations. Le bilan me montre que je ne me connais pas assez : je suis incapable de lister mes qualités et compétences scolaires. Je fais un listing de mes compétences sous forme de livret pour attester de ce que je sais faire.</td></tr>
<tr><th colspan="3">QUELS SONT LES INVARIANTS DE MON SCHÈME DE DÉFENSE QUE JE TRANSFÈRE DANS DES SITUATIONS HORS DU SYSTÈME SCOLAIRE ?</th></tr>
<tr><td colspan="2">Je mets en place avec mes parents un emploi du temps pour chaque semaine afin de me rassurer et savoir qui va m'accompagner au quotidien. Cela me rassure. La construction se fait en famille, ce qui signifie que mes parents s'accordent mutuellement autour de moi. Grâce à ce système, je ne me sens plus seule. J'ai toujours ce planning sur moi.</td><td>Pour affiner mes compétences, je réalise des stages professionnels, même pendant les vacances scolaires. Cela me permet de me connaître et d'envisager un métier. Le fait de me projeter dans l'avenir me sécurise.</td></tr>
</table>

Nous constatons que ce schème est un maillage de connaissances qui organisent les conduites de manière relativement invariante dans un ensemble de situations que l'élève va percevoir comme similaires.

En repérant ce maillage de connaissances (son schème d'action), l'élève harcelé va d'abord assimiler les invariances dans ses différentes relations et conduites scolaires, puis accommoder ses invariances hors du milieu scolaire.

Cependant, il ne faut pas oublier les expériences vécues dans des contextes différents ne sont pas toutes positives. Nous distinguerons deux spirales : l'une positive, l'autre négative, où le jeune peut être « empreinté ». Un accompagnement régulier avec un adulte est donc nécessaire afin de faciliter l'orientation positive.

En effet, le principe d'assimilation/accommodation peut se faire dans l'autre sens, en ancrant des situations négatives pour le jeune. Et vivre une situation négative dans différents contextes peut installer durablement ce jeune dans l'inhibition, la dépression… Il s'agit donc d'anticiper ces états en décelant le stade émotionnel dans lequel il se trouve à un moment donné de son existence.

La pyramide inversée proposée ci-dessous peut servir d'indicateur précis pour étudier la véracité de l'état émotionnel.

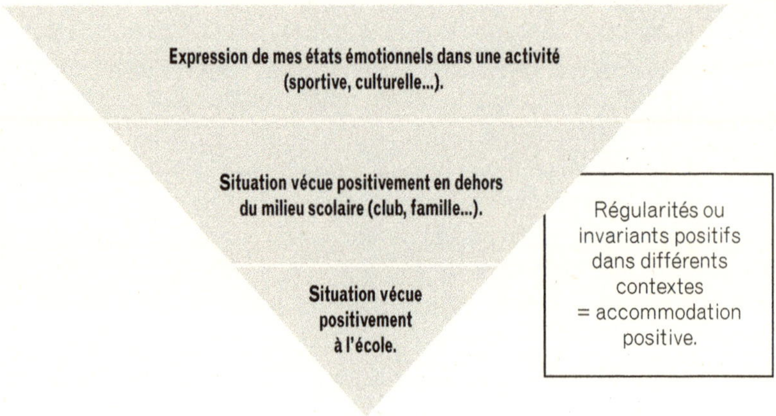

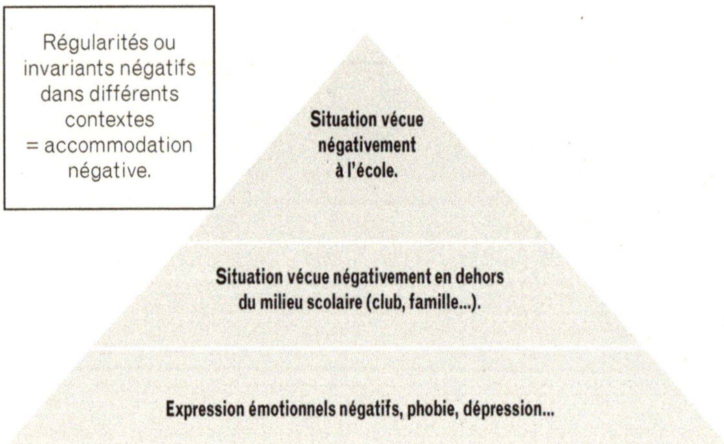

En écrivant sur sa fiche pratique les conduites à tenir (son plan d'action), l'élève va s'expérimenter dans différents contextes (dans l'établissement d'abord, hors du système scolaire ensuite) afin d'ancrer profondément son schème d'action.

À chacun de vérifier le nombre de situations positives ou négatives vécues, comme nous le suggère l'exemple d'Antonin dans le document suivant.

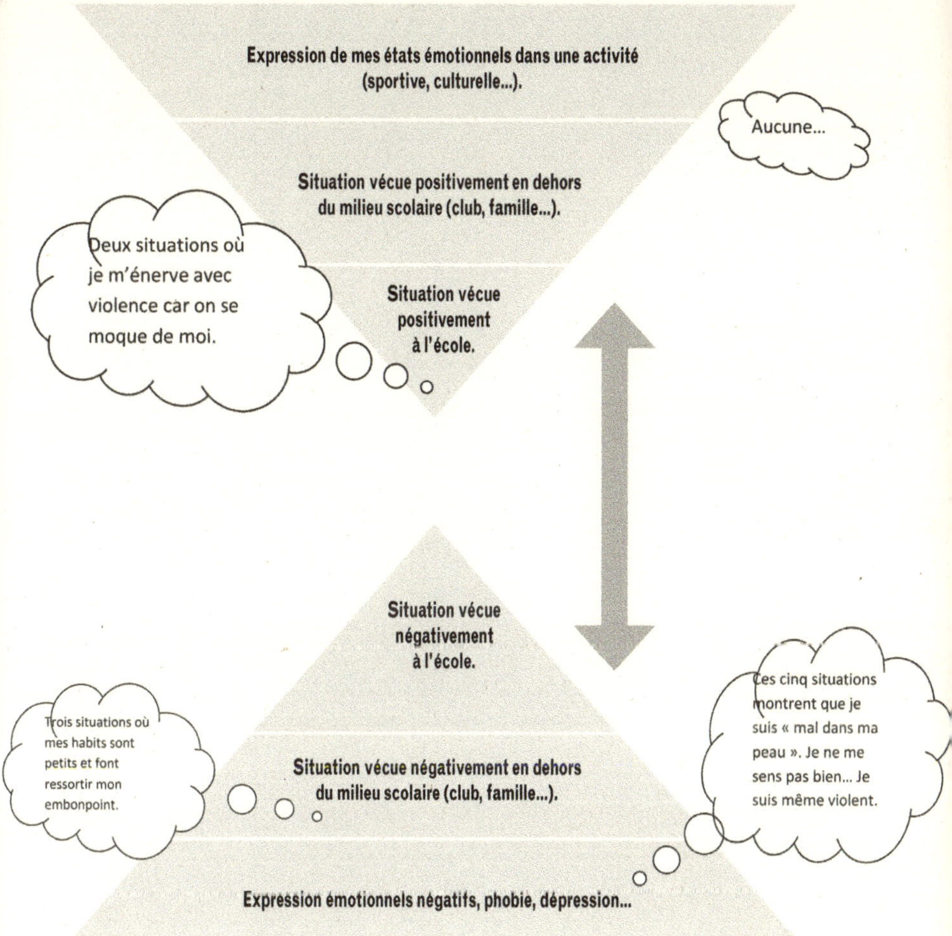

S'il trouve plus de situations négatives que de positives, Antonin doit travailler sur sa défense « non violente » ainsi que sur son image (celle qu'il renvoie aux autres). « Le choix de tenues vestimentaires plus amples devrait m'aider à ne plus subir de moqueries et donc à ne plus répondre avec violence auprès de mes camarades. »

Ce passage à l'écrit permet une prise de conscience. Chacun peut le réaliser seul ou avec l'aide d'un accompagnateur.

Par groupes de deux ou trois, tous les élèves peuvent accomplir ce travail, qui est innovant pour eux, par exemple sur des « heures de vie de classe » orchestrées par les professeurs principaux au collège, ou sur des heures d'« accompagnement personnalisé » en lycée. Cette réflexion personnelle peut également faire partie intégrante des dispositifs « parcours avenir » (travail sur l'orientation en partant de la connaissance de soi) ou « parcours citoyen » (travail sur le climat scolaire en partant de la connaissance de soi). Les jeunes sont tout à fait capables de se livrer, surtout lorsqu'il s'agit d'améliorer le climat scolaire ou tout simplement climat de vie. À ce stade, la confidentialité est respectée car seul le nombre de situations est à noter. Plus tard, la situation préoccupante peut faire l'objet d'un travail personnel de l'élève chez lui, en famille, ou avec un adulte référent (voire un coach).

Si ce passage à l'écrit est pertinent pour prendre conscience de ses états émotionnels, il l'est également pour engager toutes sortes de démarches intellectuelles... comme dans les devoirs du soir, source potentielle (si ce n'est probable) de conflits entre enfants et parents.

Pyramide inversée de mes états émotionnels

Fiche à recopier et à remplir pour faire un bilan de mes états émotionnels afin de définir mon plan d'action

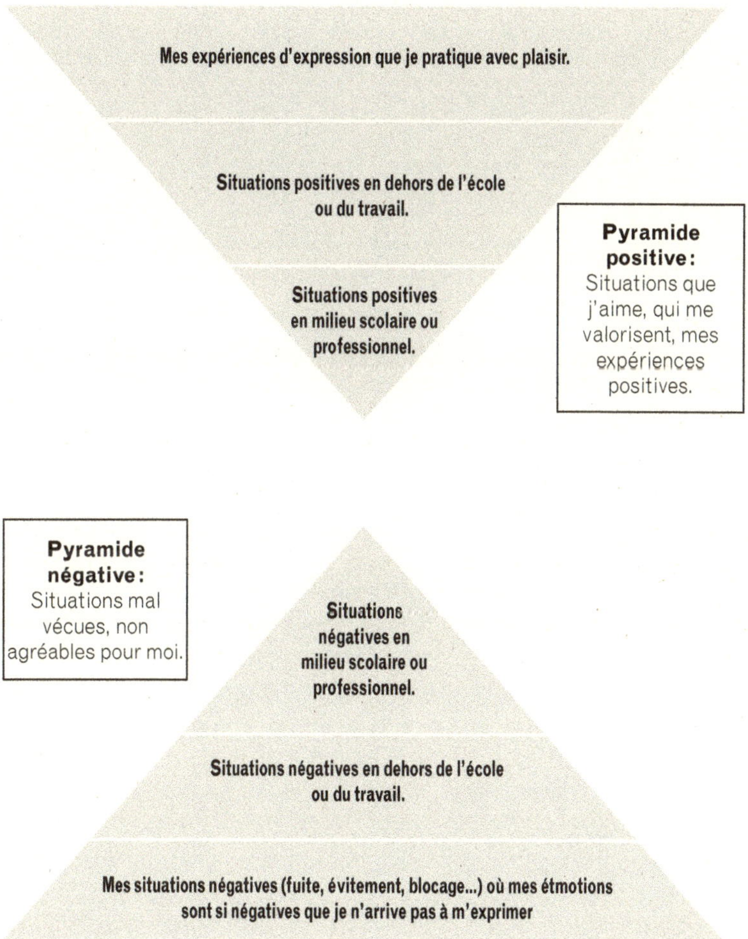

4. Le schème dans les apprentissages ou dans les devoirs du soir, une histoire de réflexion méthodologique

Différents professionnels de l'éducation, à l'instar de Guy Sonnois[20], expliquent que les démarches intellectuelles liées à tout apprentissage peuvent s'envisager à partir d'approches de la « gestion mentale ». Nous pouvons donc aider les jeunes en leur faisant découvrir les ressources intellectuelles dont ils ont besoin pour développer leur capacité de réflexion et de compréhension afin de définir leur plan d'action.

Dans le domaine des devoirs du soir (comme dans celui de la gestion des phobies ou des cas d'intimidation), il est nécessaire de construire un projet mental mettant en forme notre intention. Guy Sonnois parle de « projet d'action » qu'il s'agit de structurer en ne se trompant pas sur les buts à atteindre (ne pas aller trop vite dans les objectifs). Ici, notre démarche d'écriture « étape par étape » et dans différents contextes prend tout son sens.

La réussite doit également passer par trois « moments » du temps : passé, présent et futur. C'est pourquoi les expériences sont extrêmement importantes pour nos jeunes : ils doivent vivre ces différents moments et en prendre conscience pour réussir. J'insiste donc une fois de plus sur le passage à l'écrit de ces moments, qui permet une prise de conscience nécessaire pour se projeter dans l'avenir.

Après avoir clarifié la situation présente (lors d'un entretien), l'élève phobique ou intimidé doit passer mentalement en revue tous les moyens possibles pour faire mieux. En général, le jeune choisit ce qui est le plus pratique pour lui, ce qui est atteignable au regard de ses capacités. Il réfléchit en se mettant en tête une « évocation » du problème présent avec des évocations possibles, une sorte de projection dans l'avenir. (D'après Guy Sonnois, ce « geste mental » de réflexion est à l'œuvre lorsque l'élève est confronté à une situation qui lui pose problème. Si la situation ne lui pose pas problème, il ne fera pas l'effort de réfléchir avec pertinence.)

20. *Accompagner le travail des adolescents avec la pédagogie des gestes mentaux*, Pédagogie Formation, 2017.

Il s'agira pour le jeune de choisir (dans ce qu'il sait, dans ses propres connaissances et compétences) ce qui peut l'aider à résoudre le problème nouveau et inconnu. Apprenons à nos enfants à mener une réflexion méthodique et non pas automatique... comme le font souvent les élèves qui ne prennent pas le temps de lire les consignes. Pour une bonne réflexion, il faut être en « évocation ».

Finalement, qu'il s'agisse de phobies, de cas de harcèlement ou des devoirs du soir, la véritable réussite passe par la définition de l'engagement, de l'intention que va donner le jeune à son projet. Ce projet d'action sera rythmé par différents moments, il avancera étape par étape, car il ne faut pas aller trop vite pour être en mesure de respecter une cohérence avec les capacités et compétences de l'élève.

L'adulte référent doit veiller à ce que la construction du schème passe par une évocation de l'élève. Ce dernier doit définir la manière de faire, de s'y prendre, construire lui-même et à son rythme cette nouvelle compétence. Sa performance ne doit pas être un exploit, mais une performance durable dans le temps.

Dans le milieu de l'enseignement, c'est le terme de « performance relative » qui est travaillé pour donner du sens à nos enfants, afin qu'ils ne se découragent pas (surtout si l'objectif est trop dur à atteindre). Le sociologue François Dubet[21] montre que les apprentissages se font souvent à contresens. Par respect des programmes nationaux de l'année scolaire, nous oublions parfois l'élève. Certains ne suivent plus. Nous ne prenons pas le temps de remettre à niveau ceux qui en ont besoin, car il faut valider les compétences imposées par les programmes disciplinaires. François Dubet s'interroge : devons-nous faire « le deuil des élèves au profit des programmes » ou « le deuil des programmes au profit des élèves » ?

C'est pourquoi nous devons insister sur l'évaluation diagnostique (évaluation de départ du jeune, d'où il vient, avec quelles capacités, quelles ressources...), qui permet de prendre en compte les compétences de l'élève. Plutôt que de nous focaliser sur une note, un indicateur chiffré qui est le même pour tout le monde, parlons plutôt de « performance relative », c'est-à-dire de progrès dans les apprentissages. Il s'agit ainsi de transformer

21. *Les Lycéens*, Seuil, 1996.

la « performance exploit » en « performance individuelle stabilisée », qui intègre une régularité des apprentissages dans le temps. Pour que l'enseignement ait du sens, il est nécessaire d'associer à cette performance les procédures sous-jacentes faisant partie intégrante de l'évaluation finale. Le terme « performance relative » donne la priorité aussi bien aux résultats des conduites des jeunes qu'aux procédures employées pour y parvenir plusieurs fois de suite.

L'Éducation Physique et Sportive est novatrice en ce sens : un retour réflexif sur sa propre pratique est évalué au même titre que la performance sportive. Ces réflexions sous-jacentes à l'action motrice permettent d'ancrer durablement les compétences organisationnelles et les connaissances sur soi, nécessaires pour devenir autonome à l'âge adulte.

Dans le cas d'élèves phobiques ou harcelés, il s'agira pour eux d'établir des procédures visant à être répétées plusieurs fois, en différents contextes, pour réussir durablement leurs nouvelles conduites et prendre le chemin de l'autonomie. Cette notion permettra d'encourager le jeune à faire mieux et ne pas se décourager.

Suite à ces différentes démarches de réflexions méthodiques, l'élève souffrant d'une phobie ou ayant subi des intimidations va s'expérimenter à son rythme, et selon les situations quotidiennes. Il sera « envoyé en mission » afin d'atteindre son plan d'action dans différents contextes.

Cette validation sera notable lorsque l'élève percevra une progression, une fierté d'assurer un climat serein autour de lui, accompagnée d'une véritable confiance qui se construira d'expérience en expérience. Cependant, il ne pourra pas être accompagné toute sa vie. C'est pourquoi notre démarche consiste à lui permettre de rechercher son autonomie via confiance en lui-même qu'il aura acquise.

D'autres situations émotionnelles négatives peuvent apparaître dans la vie de chacun. Comment faire face au quotidien ? C'est par une éducation à l'expression que nous pourrions trouver des indicateurs pertinents, notamment en portant une attention toute particulière à notre corps, à nos sensations physiques… c'est-à-dire au siège des émotions.

IV

VERS UNE ÉDUCATION À L'EXPRESSION

1. Porter notre attention sur notre corps

Pour soigner un traumatisme ou un choc émotionnel, le psychiatre américain Bessel van der Kolk[22] suggère, plutôt que d'utiliser des médicaments ou des thérapies liées à la parole, de porter l'attention sur le corps[23]. Selon lui, il est important de « réactiver l'autorégulation du corps[24] ».

En quarante ans de consultations, Bessel van der Kolk a reçu des milliers de victimes de traumatisme(s). Face à l'horreur et à l'ignoble (viols, attentats, soldats revenus de guerre...), il évoque une dissociation entre le cerveau émotionnel et le cortex frontal, qu'il nomme le « figement ». Paradoxalement, cette sorte d'« anesthésie naturelle », censée protéger la personne de l'effondrement ou de la folie, est particulièrement dévastatrice. Il s'agit donc de réactiver le souvenir intense, mais sans la parole. Ce serait par l'apaisement du cerveau reptilien (siège des sensations physiques), que l'on pourrait trouver des solutions.

Pour Bessel van der Kolk, les chocs émotionnels, les traumatismes, les phobies, les cas d'intimidation peuvent être considérés comme une « épidémie cachée » au sein de notre société. Ce serait le problème de santé publique n° 1 aux États-Unis, mais aussi en France.

Une vaste étude de la principale agence de santé américaine a démontré que les conséquences des maltraitances sur

---

22. Psychiatre, neuroscientifique, professeur à l'Université de Boston, directeur du plus grand centre américain de traumatologie, Bessel van der Kolk est l'auteur d'un ouvrage de référence : *Traumatic Stress: The Effects of Overwhelming Experience on Mind, Body, and Society*, Guilford Press, 1999.
23. Bessel van der Kolk, « Le traumatisme est le problème public n° 1 », *Le Journal du dimanche*, 9 octobre 2018.
24. Bessel van der Kolk, *Le corps n'oublie rien*, Albin Michel, 2020.

les enfants sont plus coûteuses que les cancers ou les maladies cardiaques. Personne ne s'attendait à un phénomène aussi massif. En effet, le diagnostic du syndrome du stress post-traumatique est assez rare. Il survient après des événements extraordinaires.

Mais l'épidémiologie montre que près de trois quarts des Américains ont déjà été confrontés à une forme de traumatisme. Ils ont été victimes d'une agression sexuelle, d'un accident; ils ont souffert d'une maladie grave; ils ont cru qu'ils allaient mourir, ou ont vu quelqu'un mourir; ils ont été témoins de violences entre leurs parents... Et des études de l'OMS témoignent de proportions similaires dans la plupart des pays occidentaux.

On se méprend souvent sur la notion de traumatisme, qu'on assimile à tort à un événement horrifique et exceptionnel. Il y a bien sûr des situations extrêmes – inceste, torture, guerre, terrorisme... –, qui marquent les victimes au fer rouge, mail il existe aussi une foule des malheurs ordinaires inhérents à la condition humaine. Des divorces qui se passent mal, des violences conjugales, des cas d'intimidation violents... Ces événements peuvent eux aussi laisser une cicatrice douloureuse longtemps après les faits.

Tous ceux qui ont eu des parents violents, qui ont vécu une relation pénible, qui ont pleuré la mort d'un ami ou qui ont été victimes d'un accident le savent bien. Les résultats des recherches de Bessel van der Kolk montrent de très nombreuses personnes portent la trace du trauma dans leur corps, à un degré moindre, évidemment lorsque l'événement à l'origine du trauma a été moins violent.

Alors, comment soulager ses souffrances? Bessel van der Kolk explique qu'il faut d'abord comprendre comment le trauma s'imprime dans le corps.

Quand un événement déborde notre aptitude à faire face, notre psychisme se fige. Les mécanismes d'adaptation biologique et psychologique, perturbés, ne réussissent pas à intégrer l'expérience. Des bribes de sensations, d'émotions, sont « dissociées » : elles restent « coincées » dans les régions inférieures du cerveau (qu'on appelle le système limbique), loin du cortex frontal où s'élabore, grâce au langage et aux symboles, notre « discours autobiographique ». Et quand ces bribes sensorielles reviennent en mémoire, ce n'est pas sous la forme de souvenirs ordinaires, mais d'intenses réactions émotionnelles.

La souffrance, toujours prête à ressurgir, a donc été littéralement « encapsulée » dans des strates profondes de notre cerveau, hors d'atteinte de l'effort intellectuel ou de l'expression verbale. La réactivation du souvenir est vécue très intensément, mais sans paroles.

Accéder utilement au trauma suppose donc de trouver le moyen de calmer la réaction de panique pour pouvoir entrer en communication avec le cerveau émotionnel. La médecine occidentale n'est pas la plus efficace à cet égard, puisque les traitements « classiques » consistent souvent à inhiber le système limbique via des médicaments. Les antidépresseurs, par exemple, inhibent toutes les sensations physiques... alors que ces dernières sont plutôt activatrices en mobilisant une régulation des émotions excessives.

Dans sa clinique de Boston, Bessel van der Kolk propose des programmes de théâtre à des enfants des rues. Ils rejouent sur scène des événements traumatiques de leur vie, mais cette fois, ils ne se contentent pas de les subir : ils les expriment avec leur corps et leurs mots. L'effet est très positif.

Ce travail d'expression par le corps peut concerner les élèves se sous-estimant, ayant subi des intimidations, des violences verbales ou physiques, en les aidant à ancrer une véritable confiance en eux-mêmes. Les événements traumatiques vécus par chacun peuvent être mis au service d'une œuvre théâtrale, picturale, musicale, d'expression corporelle... Tout un panel d'activités que peuvent offrir nos établissements scolaires, et ayant comme point de départ les événements émotionnels.

2. EXPRIMER DE FAÇON AUTONOME MES PROBLÈMES ET MES ÉMOTIONS NÉGATIVES DANS UNE ACTIVITÉ D'EXPRESSION

Pour reprendre nos exemples, voici les activités par lesquelles passe l'éducation à l'expression des élèves.

EXEMPLE 1 PAUL : « JE SUIS NUL EN COURS. » MON ÉDUCATION À L'EXPRESSION PASSE PAR LES ACTIVITÉS SUIVANTES :		
Création avec mes parents d'un calendrier des tâches ménagères afin d'éviter les quiproquos. J'aime que l'on soit précis dans les rôles de chacun.	J'aime écrire en justifiant mes pensées, j'ai créé un livre secret que j'aime alimenter pour me donner confiance (après quelques mois, ce livre n'est plus secret). Je m'évade en écrivant.	J'ai proposé au professeur des cours d'empathie car je ne suis pas le seul à en avoir besoin.

EXEMPLE 2 ANNE : « JE N'ARRIVE PLUS À FRANCHIR LA PORTE DE MON COLLÈGE. » MON ÉDUCATION À L'EXPRESSION PASSE PAR LES ACTIVITÉS SUIVANTES :	
Je me suis inscrite à l'activité « arts créatifs » du collège, les mardis, avec mes camarades. Cela m'aide à développer ma confiance en moi.	J'adore organiser les week-ends et sorties, je suis à l'initiative de la programmation des loisirs dans la famille, j'ai élargi mes propositions à mes cousins. Je suis aussi à l'initiative de voyages dans mon établissement scolaire. Je suis reconnue « organisatrice » avec les professeurs responsables des voyages scolaires pour élaborer des visites en toute sécurité. Je pense faire des stages professionnels en agence de voyages ou dans le tourisme.

Exemple 3 **Pierre : « J'ai une boule au ventre lorsque je fais une évaluation. »** **Mon éducation à l'expression passe par les activités suivantes :**	
Mon éducation à l'expression passe par la programmation de séances physiques au sein de mon club d'athlétisme. J'adore planifier des séquences d'entraînement de certains jeunes du club. Mon entraîneur me fait confiance. Je planifie toute l'organisation (les déplacements sportifs, les séances d'entraînement, les repos...).	Mon éducation à l'expression passe par une formation pour devenir entraîneur sportif et une autre pour devenir préparateur mental, afin d'être en mesure d'offrir un encadrement complet.

Exemple 4 **Manon : « Je perds mes moyens lorsque je dois parler en public, c'est impossible pour moi de participer. »** **Mon éducation à l'expression passe par les activités suivantes :**		
Je pratique une fois par semaine une activité « théâtre ». Je fais partie d'une troupe, ce qui me permet de modifier le scénario avec mon vécu.	Je participe activement aux réunions de famille (décoration, invitations...), avec création d'un groupe WhatsApp pour se donner des nouvelles.	J'actualise régulièrement ma fiche « phrases d'accroche » que j'alimente une fois tous les quinze jours avec du vocabulaire que j'aime utiliser. Mes phrases d'accroche me permettent d'être également à l'aise avec ma troupe de théâtre, surtout lors des d'improvisations.

EXEMPLE 5
FLORINE : « JE SUIS HARCELÉE AU COLLÈGE. LES ADULTES LE SAVENT, MAIS ÇA CONTINUE... MES PARENTS VONT PORTER PLAINTE. »
MON ÉDUCATION À L'EXPRESSION PASSE PAR LES ACTIVITÉS SUIVANTES :

Mon éducation à l'expression passe par la création du journal de mon lycée, *Notr'actu*, dont je suis rédactrice en chef. Toute l'équipe doit citer ses sources de façon précise lors des différentes interviews menées. Après le Bac, je pense mettre en premier vœu sur Parcoursup une école de journalisme.	Mon éducation à l'expression passe par la création d'un site faisant découvrir les associations locales de ma commune. Je pense donner un coup de main à la mairie en matière de communication.

EXEMPLE 6
FAVIO : « LES PROFESSEURS NE S'EN PRENNENT QU'À MOI, MES PARENTS VONT PRENDRE RENDEZ-VOUS. »
MON ÉDUCATION À L'EXPRESSION PASSE PAR LES ACTIVITÉS SUIVANTES :

Mes activités d'expression se sont centrées par la reconnaissance de ma précocité (test WIsc) ; j'ai pu mettre un nom sur mes caractéristiques. J'ai découvert d'autres techniques de régulation grâce à des rencontres avec des associations qui aident les élèves dyslexiques et précoces. Je me suis aperçu que la prise en charge était presque la même, et comme j'ai beaucoup de camarades dyslexiques, nous parlons souvent de nos stratégies de contournement. C'est passionnant !

EXEMPLE 7 **ANTONIN : « TOUT LE MONDE ME REGARDE, C'EST SÛR QUE JE SUIS GROS, J'EXPRIME ALORS MA VIOLENCE ENVERS CEUX QUI SE MOQUENT. »** **MON ÉDUCATION À L'EXPRESSION PASSE PAR LES ACTIVITÉS SUIVANTES :**
Mon éducation à l'expression passe par l'activité « rugby » que je pratique avec passion ; elle me fait grandir au quotidien. Je viens même d'être sélectionné au niveau régional. Je vais aider notre entraîneur à échauffer les jeunes débutants qui viennent de rentrer au club. Une façon pour moi de faire grandir chacun selon ses caractéristiques.

EXEMPLE 8 **LOLA : « JE SUIS VIOLENTE VERBALEMENT DÈS QU'ON ME REGARDE DE TRAVERS. »** **MON ÉDUCATION À L'EXPRESSION PASSE PAR LES ACTIVITÉS SUIVANTES :**		
Je me suis rendu compte, après mon passage au commissariat, que cela a été une épreuve traumatisante pour moi, ainsi que pour mes anciennes copines. Vouloir tout judiciariser n'est pas forcément souhaitable. À l'avenir, je devrai m'exprimer plus clairement avec les autres, cela évitera les tensions.	Mon éducation à l'expression passe par l'écriture de chansons type « rap »... auquel j'ai associé le hip-hop, car je suis toujours soucieuse de mon paraître. Mettre en valeur mes qualités physiques et la précision de mes paroles est devenu pour moi une véritable passion.	Mon éducation à l'expression passe par des clips que je mets en ligne, avec comme intitulé : « No Comment ». Aucun commentaire, juste des « likes ».

EXEMPLE 9 **ASTRID : « JE N'AI PAS MA PLACE DANS CE MONDE. »** **MON ÉDUCATION À L'EXPRESSION PASSE PAR LES ACTIVITÉS SUIVANTES :**		
Toutes les activités que je fais sont réalisées de manière méthodique, organisées par écrit pour ne rien oublier. C'est une façon de me rassurer. Le fait d'écrire structure ma pensée.	Je concocte des week-ends où mes parents vont se retrouver. Je prends plaisir à organiser la totalité du séjour... J'ai leur accord et leur totale confiance.	Grâce à mes stages en entreprise, je me découvre en tant qu'experte en organisation. Je pense que le management est fait pour moi.

V

DES EXEMPLES DE RÉUSSITE... EN SUIVANT LE CHEMINEMENT DE CHACUN

Les exemples évoqués dans cet ouvrage nous montrent dans un premier temps la vision de l'élève en période de « préoccupation ». Après un travail d'entretien de coaching (technique de clarification de la situation par un adulte ou autre personne extérieure), l'élève peut prendre du recul sur la situation qu'il vit (phase de prise de conscience) et définir un plan d'action.

La constitution de la fiche pratique individuelle se fait par étape (une semaine environ entre chaque étape, le temps que le jeune prendre conscience du travail à réaliser) et peut se terminer en quatre ou cinq semaines. Il s'agit de laisser du temps à l'élève pour développer ses compétences également hors du milieu scolaire.

Une fiche pratique sur le modèle des tableaux présentés dans les exemples qui suivent peut être réalisée avec l'adulte référent ou le coach, l'éducateur.

La démarche :

– L'élève commence par exprimer ce dont il a conscience, ses préoccupations du moment. C'est une phase importante, où il s'agit pour le coach d'écouter le jeune grâce aux techniques présentées dans les chapitres précédents.

– Une semaine ou quelques jours plus tard (l'élève peut réaliser cette démarche à la suite du premier entretien s'il le souhaite, et s'il n'est pas trop « empreinté » émotionnellement), le jeune note son ou ses axe(s) de travail. Cela correspond aux cases « la construction de mon nouveau schème passe par... ». Dès la fin de l'entretien, l'élève s'engage à mettre en œuvre ces nouvelles pistes d'action. C'est une véritable expérience (en acte) qui est demandée au jeune.

– Le troisième entretien met l'accent sur les similitudes des actions en milieu scolaire pour les actions qui ont fonctionné dans les cases « je repère les invariants dans différentes situations en milieu scolaire ».

– Le quatrième entretien permet de faire un point sur ce qui est positif et d'accentuer les démarches hors du système scolaire. Ce sont les cases « je repère les invariants de mon schème d'action en dehors du système scolaire ». C'est un moment important, où le jeune se projette à l'extérieur en essayant de transférer ses compétences dans d'autres lieux, d'autres situations.

– Le dernier entretien peut être assimilé à un véritable coaching d'orientation où, souvent, l'élève évoque auprès de l'adulte une filière professionnelle dans laquelle il souhaiterait évoluer, voir un futur métier. Il s'agit ici de donner l'opportunité au jeune de se découvrir en milieu professionnel, artistique, culturel, associatif... L'élève montre une forme d'engagement dont il en ressent la nécessité et remplit alors les cases « mon éducation à l'expression passe par... ». (À ce titre, les lycéens ont depuis peu la chance de pouvoir s'engager sur plusieurs années dans le dispositif SNU – Service National Universel – qui propose des séjours de cohésion ou des missions d'intérêt général réalisées en équipes. Des modules « défense et mémoire », « code de la route », « promotion de la santé » ou encore « activités physiques sportives de cohésion » permettent aux jeunes de découvrir d'autres modes d'expression.)

À ce stade, si l'élève en situation de fragilité s'engage dans une expression durable, nous pouvons affirmer qu'il s'en sortira.

Les neurosciences nous montrent que tout ce qui ne peut s'exprimer s'imprime en nous... alors, privilégions tous les moyens d'expression afin de libérer nos émotions négatives du quotidien !

1. Résolution du schème de l'élève Paul qui se positionne comme « nul en cours »

• La vision du jeune

Paul est un élève sérieux, avec un bon niveau scolaire, cependant il ne cesse de dire à ses camarades et à ses professeurs qu'il est nul en cours. Son discours entraîne une période de démotivation et alimente une image négative de lui. Ni ses camarades ni ses professeurs n'arrivent à le raisonner. Même ses parents trouvent que Paul n'a pas le goût à faire ses devoirs à la maison. Il entre dans une spirale où il a le sentiment que tout le monde le déteste.

Ses parents souhaitent qu'il quitte son établissement scolaire, car ils ont l'impression que personne ne veut l'aider.

• Sa préoccupation majeure suite à l'entretien de coaching

Lors de l'entretien, il s'avère que Paul se dit « nul dans tous les cours » alors que sa préoccupation est essentiellement en Mathématiques, où le professeur demande une démarche de raisonnement explicative avant de donner une solution. Il s'agit simplement d'expliquer par des phrases son raisonnement mathématique. Or, Paul a très mal pris cette consigne, qui signifie pour lui un manque de confiance du professeur. Pour Paul, son professeur n'a pas à lui demander de justifier sa réponse. Cette situation, mal vécue, représente pour lui vraie trahison : « S'il me demande de justifier tous mes calculs, cela signifie que mon professeur me croit incapable de trouver la solution, qu'il ne croit pas en moi. »

L'entretien de coaching a permis de comprendre que Paul a besoin qu'on lui réexplique que dans le cadre du Brevet des collèges, toute solution doit s'accompagner d'une démarche explicative (raisonnement écrit). La consigne a d'ailleurs été donnée à l'ensemble de la classe, et non uniquement à Paul, ce qui prouve que le professeur ne lui en veut pas.

Paul a également reconnu qu'il apprécie énormément son professeur de Mathématiques. C'est un jeune qui fonctionne à l'affectif, qui a besoin qu'on lui donne régulièrement des marques de confiance.

• Plan d'action suite à ce constat

Il a été demandé au professeur d'expliquer de nouveau le sens de la démarche scientifique en classe de 3e… et il a été demandé à Paul de distinguer les consignes générales des consignes individuelles (à l'école, puis dans le milieu familial).

Paul a également décidé de lui-même de travailler de la même manière toutes les disciplines, même celles où le professeur est moins proche de lui. En d'autres termes, il s'agit pour Paul de retrouver une motivation intrinsèque (travailler pour lui) et non plus extrinsèque (travailler pour les autres).

Paul doit faire un travail de « confiance en soi » en se détachant de la charge émotionnelle qu'il met dans sa relation avec les professeurs. Travailler une discipline car on apprécie l'enseignant... tel est le cas de nombreux élèves.

Un plan d'action favorisant le futur métier de Paul (orientation pour soi) est à privilégier.

• Où en est Paul aujourd'hui ? Quelles sont ses activités d'expression ?

Paul se rend compte qu'il aime que les gens autour de lui soient très précis dans les consignes données... et qu'il doit l'être lui aussi s'il veut être crédible. Pour distinguer les consignes personnelles des consignes générales, il a commencé à écrire un livre « secret » (son moyen d'expression personnel) qui lui permet de se rassurer et de prendre du recul : tout ce qui est dit dans la vie n'est pas que pour lui, il faut laisser certaines choses de côté. « Je ne prends que les consignes qui me sont destinées, et ce sera déjà très bien. »

Après quelques mois, son livre n'est plus secret. Il écrit maintenant des romans. Grâce à son professeur de Français, Paul vient de s'inscrire à des concours de nouvelles scolaires. L'écriture est devenue pour lui un véritable moyen d'expression.

Paul avance également au niveau de son orientation. Il sait qu'il fera un métier qui nécessite de la rigueur, sans occulter pas l'empathie dont il a besoin au quotidien. Il se sent aujourd'hui comme un porte-parole au sein de son établissement scolaire, après avoir intégré la cellule « écoute et remédiation ». Il vient même de proposer des cours d'empathie à son professeur principal, à réaliser en « heures de vie de classe ». Paul le dit lui-même : « Prendre le temps de se dire bonjour, de prendre des nouvelles de chacun, nous en avons besoin pour avancer... »

• Résumons l'évolution de Paul

Je suis nul en cours.

En fait, c'est mon professeur de Mathématiques qui ne me fait pas confiance, il me demande sans arrêt de me justifier.

Je me rends compte qu'il est nécessaire de justifier tous les résultats en classe de 3e, exposer la démarche scientifique est nécessaire au Brevet.

Mon professeur ne m'en veut pas, il veut respecter les exigences liées au Brevet.

Je prends trop à cœur toutes les consignes, je prends tout pour moi.

Je différencie les consignes générales des consignes qui me sont destinées et je les marque dans mon livre, ce qui me permet de me connaître.

Grâce à ce livre, j'ai découvert le plaisir d'écrire; dès que j'ai un moment, je m'exprime en écrivant un roman, et je me suis même inscrit à un concours de nouvelles.

J'impulse la création de cours d'empathie au sein de ma classe, car je trouve que prendre soin des autres est important.

> Paul n'est donc plus « nul » en cours.

Exemple 1 Paul : « Je suis nul en cours » Suite à l'entretien avec un adulte, de quoi Paul a-t-il conscience ?		
Je suis nul en Maths ! (Le professeur a juste dit à l'ensemble de la classe que le niveau en Maths devait être plus élevé au deuxième trimestre.)	Mon professeur ne m'apprécie pas : il me demande de justifier mes résultats.	Mon professeur m'en veut personnellement.
La construction de mon nouveau schème d'action devrait passe par :		
Je sais repérer les consignes à destination des autres élèves et celles qui me sont destinées.	Je dois prendre conscience des exigences liées au Brevet, ce qui implique une justification des résultats, même en Maths.	Je dois comprendre que le professeur a des exigences liées au Brevet. Être exigeant ne signifie pas que le professeur déteste son élève.

JE REPÈRE LES INVARIANTS DE MON SCHÈME DE DÉFENSE DANS DES SITUATIONS DIFFÉRENTES AU SEIN DU CADRE SCOLAIRE.		
Je repère les phrases où le professeur généralise à l'ensemble des élèves (vous, la classe...) et les phrases qui me sont destinées (tu, Paul...).	Je prends conscience qu'une bonne démonstration en Maths implique de justifier tout ce qu'on avance.	Les exigences se trouvent dans la réalisation de mes exercices. Mon professeur prend le temps en début ou à la fin de l'heure pour prendre de mes nouvelles.
QUELS SONT LES INVARIANTS DE MON SCHÈME DE DÉFENSE QUE JE TRANSFÈRE DANS DES SITUATIONS HORS DU SYSTÈME SCOLAIRE ?		
Je repère au sein de ma famille les consignes qui sont données pour mes frères et sœurs et celles qui me sont directement destinées. Je demande même à mes parents de reformuler si besoin.	La démonstration est valable dans toutes les disciplines, mais aussi dans toutes les décisions à prendre. Grâce à mes arguments, qui confortent mes décisions, j'ai beaucoup plus confiance en moi.	J'ai souvent besoin d'empathie. Je n'hésite plus à demander des nouvelles aux autres, pour que l'on se soutienne mutuellement.
MON ÉDUCATION À L'EXPRESSION PASSE PAR LES ACTIVITÉS SUIVANTES :		
Création avec mes parents d'un calendrier des tâches ménagères afin d'éviter les quiproquos. J'aime que l'on soit précis dans les rôles de chacun.	J'aime écrire en justifiant mes pensées, j'ai créé un livre secret que j'aime alimenter pour me donner confiance (après quelques mois, ce livre n'est plus secret). Je m'évade en écrivant.	J'ai proposé au profésseur des cours d'empathie car je ne suis pas le seul à en avoir besoin.

2. ANNE : « JE N'ARRIVE PLUS À FRANCHIR LA PORTE DU COLLÈGE. »

• La vision du jeune

Anne ne vient plus au collège depuis plus d'un mois, malgré plusieurs essais avec les parents – grâce à leur disponibilité pour accompagner Anne au collège le matin. Il s'avère qu'elle est dans l'incapacité émotionnelle de se rendre au collège (nombreux pleurs dans la voiture des parents, voir impossibilité de sortir de la voiture). La simple vue du portail de l'établissement déclenche chez elle une véritable phobie scolaire.

• Sa préoccupation majeure suite à l'entretien de coaching

Après un entretien de coaching, il s'avère qu'Anne ne veut plus quitter ses parents le matin à cause d'une parole blessante venant de sa maman, une simple parole de la vie quotidienne dont la maman n'a même pas souvenir, mais qui a « empreinté » émotionnellement Anne. Cette parole, « Je n'ai pas que ça à faire ce matin avec toi », a été effectivement prononcée par la maman alors qu'Anne avait raté son bus. C'est sa maman furieuse qui a dû revenir de son travail pour conduire Anne jusqu'à son établissement. La jeune fille a considéré par cette phrase que ses parents l'abandonnaient... Rester dans la voiture était une manière de rester avec ses parents, de peur de les perdre.

• Plan d'action suite à ce constat

Anne doit donc travailler un coaching de libération des émotions négatives partant de la phrase prononcée par sa maman afin d'atténuer cette empreinte.

Elle va retrouver confiance en programmant un calendrier pour l'accompagnement de ses trajets scolaires et pourra se rassurer en sachant qu'il y a toujours quelqu'un qui l'attend et la prend en charge.

Anne doit apprendre à différencier une parole dictée par la colère, ou l'émotion, d'un dialogue sincère en prenant le temps de se dire les choses ; elle doit aussi repérer au collège, puis en famille, les moments où elle peut parler librement (au CDI entre midi et 14 heures, lors des repas du soir avec ses parents...).

• L'activité d'expression d'Anne

Anne organise les week-ends et sorties de sa famille. Elle se rend compte que les repas du soir sont des moments privilégiés pour décider et réfléchir en famille, pour se projeter.

Anne s'est également inscrite à l'atelier créatif au collège, ce qui favorise la confiance qu'elle a en elle. Créer des objets, c'est se montrer à soi-même que l'on est capable de créer, donc d'exister.

• Résumons l'évolution d'Anne

Je n'arrive plus à franchir la porte du collège, j'ai peur que mes parents me laissent...

Je réalise un coaching CLEEN pour atténuer l'empreinte que m'a laissée la parole de ma maman.

Je sais distinguer une parole dictée sous le coup de la colère d'un dialogue sincère en prenant le temps de se dire les choses.

Je sais reconnaître au collège et dans le milieu familial des moments d'échange sincères, cela me rassure.

Organiser les choses, planifier des projets ou voyages, cela me sécurise et j'adore ça.

Un autre moyen d'expression est l'art créatif, créer c'est me montrer que j'existe !

> Anne n'est plus en phobie scolaire, elle sait maintenant qu'en franchissant le portail du collège, elle pourra trouver des moments d'échanges sécurisés, dont elle est d'ailleurs souvent à l'initiative. Anne à régulièrement besoin de dialoguer sincèrement, ce sera une constante pour elle.

Exemple 2 **Anne : « Je n'arrive plus à franchir la porte du collège. »** **Suite à l'entretien avec un adulte, de quoi Anne a-t-elle conscience ?**	
Je ne veux pas quitter mes parents le matin.	J'ai peur que mes parents m'abandonnent car une parole blessante a été prononcée. J'ai une boule au ventre le matin avant d'aller au collège.
La construction de mon nouveau schème d'action devrait passe par :	
Retrouver la confiance avec mes parents en programmant un calendrier pour l'accompagnement de mes trajets à l'aller et au retour de l'école.	Différencier la parole donnée sous le coup de l'émotion (la parole blessante de la maman car elle était en retard) et une parole d'amour ou un dialogue sincère en prenant le temps de se dire les choses. Je dois utiliser la technique CLEEN pour prendre conscience des situations qui me posent problème avant d'aller au collège et réguler mes émotions en conséquence.
Je repère les invariants de mon schème de défense dans des situations différentes au sein du cadre scolaire.	
Retrouver des situations de confiance et de bien-être au collège. J'aime aller au CDI entre midi et 14 heures, j'aime parler avec ma référente scolaire et deux de mes camarades.	Je sais repérer au collège les moments où je peux parler librement avec mes camarades (CDI, cellule « écoute »...) pour échanger des paroles sincères. Je sais également m'isoler pour réguler mes émotions avec ma technique CLEEN.
Quels sont les invariants de mon schème de défense que je transfère dans des situations hors du système scolaire ?	
Je demande à mes parents de retrouver mes deux camarades pour le week-end, ce qui confortera ma confiance pour me rendre au collège.	Je m'organise avec mes parents des moments dans la semaine où je suis avec eux, pour ne parler que de nous et de nos relations (cinéma, moments de partage autour de repas...). Je prends conscience que j'ai des amis que je vois en dehors de l'établissement et sur lesquels je peux compter au sein du collège la semaine.

Mon éducation à l'expression passe par les activités suivantes :	
Je me suis inscrite à l'activité « arts créatifs » du collège, les mardis, avec mes camarades. Cela m'aide à développer ma confiance en moi.	J'adore organiser les week-ends et sorties, je suis à l'initiative de la programmation des loisirs dans la famille, j'ai élargi mes propositions à mes cousins. Je suis aussi à l'initiative de voyages dans mon établissement scolaire. Je suis reconnue « organisatrice » avec les professeurs responsables des voyages scolaires pour élaborer des visites en toute sécurité. Je pense faire des stages professionnels en agence de voyages ou dans le tourisme.

3. Pierre : « J'ai la boule au ventre lorsque je fais mon évaluation »

• La vision du jeune

Pierre est inquiet. Il parle à ses parents ainsi qu'à ses professeurs du fait qu'il perd ses moyens devant tous les contrôles qui ont lieu au lycée dans la salle d'examen. À la vue d'une simple copie, un blocage a lieu et Pierre est incapable de restituer ses connaissances par écrit. Il en a même une boule au ventre et ressent une oppression au niveau de la poitrine dès qu'il est en évaluation.

• Sa préoccupation majeure suite à l'entretien de coaching

Pierre explique pendant l'entretien de coaching qu'il a manqué de confiance dans la restitution de ses connaissances. Il récite régulièrement à l'oral à ses parents, cependant, lors du passage à l'écrit, il perd tous ses moyens. En clarifiant la situation, nous nous rendons compte que Pierre ne s'entraîne pas à l'écrit et ne respecte donc pas les conditions d'examen. De plus, écrire structure la pensée.

• Plan d'action suite à ce constat

En récitant ses leçons par écrit, Pierre va reprendre confiance en lui, car il aura la trace du fait qu'il connaît sa leçon. Plus qu'une simple étape de mémorisation, le passage à l'écrit va structurer la pensée de Pierre qui comprendra davantage ce qu'il récite. Cette confiance passera par cette étape.

« J'utilise la technique CLEEN en direct sur moi-même, dès que je sens qu'une boule au ventre arrive... Je sais m'isoler et fermer les yeux pour pratiquer ma technique, véritable moment de pleine conscience pour libérer mes émotions négatives. »

- **Les activités d'expression pour Pierre**

Pierre a pris conscience que le fait de noter les tâches à réaliser et les rendez-vous sur un agenda (papier ou informatique) était indispensable pour lui. Laisser une trace écrite le sécurise et lui permet de ne rien oublier, d'avoir confiance en lui. Cet aspect organisationnel lui permet de créer des agendas partagés avec toute sa famille : c'est lui qui est à l'initiative de cette organisation et tout le monde s'y retrouve. Comme un véritable athlète de haut niveau, il programme ses temps de repos, de travail, de révision, de sorties, de loisirs...

Faisant partie d'un club d'athlétisme, il a apprécié accompagner des jeunes avec son entraîneur. Il réalise actuellement les plannings d'entraînement pour certains athlètes et envisage de se former à un métier dans l'entraînement sportif. Il adore programmer des séances de préparation physique des athlètes, sans pour autant oublier le côté mental qu'il a découvert grâce à la technique CLEEN. Pour compléter sa formation d'entraînement sportif, il envisage de suivre également celle de préparateur mental.

- **Résumons l'évolution de Pierre**

J'ai la boule au ventre et une oppression en situation d'examen.

J'apprends à repérer les exigences des évaluations qui sont souvent à l'écrit.

Passer par l'écrit me sécurise : je sais que je sais.

Je m'isole pour appliquer ma technique CLEEN avant ou en situation d'examen.

J'adore planifier, partager mon agenda et ceux des autres, cela permet d'être très organisé, de ne rien oublier, cela me sécurise et je me rends compte que je peux être très performant grâce à ce dispositif.

J'aide mon entraîneur d'athlétisme à accompagner les jeunes du club dans leur préparation physique, sans oublier le mental.

Je souhaite me former professionnellement dans la filière « entraînement sportif » et compléter par une formation de préparateur mental.

> Pierre n'est plus angoissé par les évaluations, il sait maintenant gérer ces situations grâce à une préparation rigoureuse de chacune d'elles. Ici, la confiance passe par le travail et l'organisation en amont de l'évaluation.

EXEMPLE 3 PIERRE : « J'AI UNE OPPRESSION À LA POITRINE ET UNE BOULE À LA GORGE LORSQUE JE SUIS EN ÉVALUATION. » SUITE À L'ENTRETIEN AVEC UN ADULTE, DE QUOI PIERRE A-T-IL CONSCIENCE ?		
Je perds mes moyens en situation de contrôle, pourtant je connais ma leçon (récitation à l'oral la veille).	À la simple vue de ma copie d'examen, je perds mes moyens, je panique.	Je sens venir une oppression à la poitrine dès la distribution de la copie.
LA CONSTRUCTION DE MON NOUVEAU SCHÈME D'ACTION DEVRAIT PASSE PAR :		
Je repère les exigences de mes contrôles pour me mettre en confiance : j'apprends et je récite mes leçons par écrit, car la restitution de mes connaissances se fait à l'écrit et non à l'oral.	Le fait de réciter ma leçon par écrit me donne confiance. La simple vue de ma copie d'examen ne devrait plus me faire peur, car écrire me permet de structurer mes pensées, de clarifier mes idées. En écrivant, « je sais que je sais », donc j'ai confiance en moi.	Utilisation de la technique CLEEN pour prendre conscience des moments déclencheurs de l'angoisse et pour réguler mes émotions en conséquence.

↳

<table>
<tr><th colspan="3">JE REPÈRE LES INVARIANTS DE MON SCHÈME DE DÉFENSE DANS DES SITUATIONS DIFFÉRENTES AU SEIN DU CADRE SCOLAIRE.</th></tr>
<tr><td>Je n'ai plus besoin d'aide pour réciter mes leçons, j'apprends puis je récite par écrit toutes mes leçons.</td><td>Grâce à la technique de la « page blanche », je restitue mes leçons par écrit, aussi bien en Histoire qu'en Maths. Le fait d'écrire me donne confiance : « Je sais que je sais », donc je ne panique plus.</td><td>Le matin avant l'examen, j'utilise ma technique de libération des émotions en fermant les yeux et en reprenant le déclencheur de mes angoisses. Ce temps de méditation pleine conscience me fait prendre du recul.</td></tr>
<tr><th colspan="3">QUELS SONT LES INVARIANTS DE MON SCHÈME DE DÉFENSE QUE JE TRANSFÈRE DANS DES SITUATIONS HORS DU SYSTÈME SCOLAIRE ?</th></tr>
<tr><td colspan="2">Je m'organise dans la vie de tous les jours en écrivant soit sur un papier soit sur l'agenda de mon téléphone portable mes tâches à faire. Cela me met en confiance d'avoir ces points d'appui sur moi. Je partage mon agenda informatique avec ma famille, ce qui nous permet de ne rien oublier, et surtout de m'organiser en toutes circonstances (planification de mes temps de révision, mais aussi de mes temps de pause en famille ou avec mes amis).</td><td>Dès que j'ai une sensation de stress ou de panique (mauvaise gestion du temps, perte de confiance en moi...), j'arrive à m'isoler quel que soit le lieu pour appliquer ma technique CLEEN.</td></tr>
<tr><th colspan="3">MON ÉDUCATION À L'EXPRESSION PASSE PAR LES ACTIVITÉS SUIVANTES :</th></tr>
<tr><td colspan="2">Mon éducation à l'expression passe par la programmation de séances physiques au sein de mon club d'athlétisme. J'adore planifier des séquences d'entraînement de certains jeunes du club. Mon entraîneur me fait confiance. Je planifie toute l'organisation (les déplacements sportifs, les séances d'entraînement, les repos...).</td><td>Mon éducation à l'expression passe par une formation pour devenir entraîneur sportif et une autre pour devenir préparateur mental, afin d'être en mesure d'offrir un encadrement complet.</td></tr>
</table>

4. MANON : « JE PERDS MES MOYENS LORSQUE JE DOIS PARLER EN PUBLIC, C'EST IMPOSSIBLE POUR MOI DE PARTICIPER. »

• La vision du jeune

Manon n'ose plus participer en cours, elle perd ses moyens en public.

• Sa préoccupation majeure suite à l'entretien de coaching

Manon prend conscience que c'est le regard des autres qui est gênant lorsqu'elle prend la parole. Elle n'a pas peur du professeur, mais du regard des camarades. En approfondissant l'entretien de coaching, Manon s'aperçoit que c'est son vocabulaire assez pauvre qui serait source de moqueries.

• Plan d'action suite à ce constat

L'objectif de Manon sera de construire des phrases élaborées et riches en vocabulaire, avec des phrases d'accroche permettant de répondre plus aisément au professeur ou à l'interlocuteur.

Manon doit utiliser des phrases précises où chaque mot à une signification, à l'école puis dans le milieu familial. Ce travail lui permettra d'avoir confiance dans les propos qu'elle tiendra en public.

• Les activités d'expression de Manon

Manon pratique l'activité « théâtre » une fois par semaine ; elle fait partie d'une troupe de théâtre qui lui permet de modifier le scénario avec son propre vécu.

Elle participe activement aux réunions de famille (décoration, invitations…), des activités qui lui permettent de s'engager. Elle a également créé un groupe de discussion pour se donner des nouvelles entre camarades ; l'objectif premier est de parler dans un langage approprié en interdisant toute forme de sigle ou raccourci.

Elle actualise régulièrement sa fiche « phrases d'accroche » qu'elle alimente tous quinze jours avec du vocabulaire qu'elle aime utiliser. Ces phrases d'accroches lui permettent d'être également à l'aise avec sa troupe de théâtre, surtout lors des improvisations.

• Résumons l'évolution de Manon
Je n'ose pas prendre la parole en public.

Je n'ai pas peur du professeur, mais du regard des autres.

En fait, c'est mon vocabulaire, assez pauvre, qui est source de moqueries.

J'élabore avec mes professeurs des phrases d'accroche toutes prêtes et enrichis mon vocabulaire, car plus chaque mot a une signification précise.

Ce travail me permet de découvrir le théâtre, qui consolide mon vocabulaire et mon expression au quotidien.

Je suis plus avenante, j'ai même créé un groupe de discussion où j'interdis les sigles et mots abrégés.

> Manon, en quelques mois, n'est plus sujette aux moqueries de ces camarades. Maintenant, elle ose.

Exemple 4 Manon : « Je perds mes moyens lorsque je veux parler en public. » Suite à l'entretien avec un adulte, de quoi Manon a-t-elle conscience ?		
Je n'ose pas prendre la parole en public.	Je n'ai pas peur du professeur, mais du regard des autres.	Les mots qui sortent de ma bouche sont succincts et « hachés ».
La construction de mon nouveau schème d'action devrait passe par :		
J'ose lever mon regard pour dire bonjour à mes camarades. Je dois m'affirmer face aux autres, leur parler, être plus avenante.	Je dois avoir confiance en moi et oser parler en public.	Je dois m'exprimer avec des phrases plus précises, car les mots ont une signification (mon expression assez pauvre est l'objet de moqueries).

JE REPÈRE LES INVARIANTS DE MON SCHÈME DE DÉFENSE DANS DES SITUATIONS DIFFÉRENTES AU SEIN DU CADRE SCOLAIRE.		
Je dis bonjour à chacun de mes camarades.	Je prends part à quelques conversations avec mes camarades.	J'arrive à utiliser une dizaine de phrases d'accroche avec mes amis au collège qui me mettent en confiance.
QUELS SONT LES INVARIANTS DE MON SCHÈME DE DÉFENSE QUE JE TRANSFÈRE DANS DES SITUATIONS HORS DU SYSTÈME SCOLAIRE ?		
J'ose dire bonjour dans les commerces où je me rends au quotidien.	J'arrive à dialoguer à table avec mes parents sur ce que j'aime faire au collège.	J'arrive à utiliser mes phrases d'accroche avec mes parents. Je communique mieux car j'utilise des phrases construites. On me regarde différemment, on m'écoute.
MON ÉDUCATION À L'EXPRESSION PASSE PAR LES ACTIVITÉS SUIVANTES :		
Je pratique une fois par semaine une activité « théâtre ». Je fais partie d'une troupe, ce qui me permet de modifier le scénario avec mon vécu.	Je participe activement aux réunions de famille (décoration, invitations...), avec création d'un groupe WhatsApp pour se donner des nouvelles.	J'actualise régulièrement ma fiche « phrases d'accroche » quo j'alimente une fois tous les quinze jours avec du vocabulaire que j'aime utiliser. Mes phrases d'accroche me permettent d'être également à l'aise avec ma troupe de théâtre, surtout lors des d'improvisations.

5. Florine : « Je suis harcelée au collège. Les adultes le savent, mais ça continue… Mes parents vont porter plainte. »

• La vision du jeune

Florine : « Tout est négatif autour de moi. J'ai l'impression que tout le monde parle de moi en mal, surtout sur les réseaux sociaux. Je suis constamment harcelée. Ils me montrent même du doigt en cours de récréation. »

• Sa préoccupation majeure suite à l'entretien de coaching

Florine se sous-estime en permanence, elle ne se sent plus à sa place, elle s'isole.

Elle prend conscience qu'il faut retrouver un lien direct avec ses camarades, que se dire les choses en face (en non plus sur les réseaux) est beaucoup plus efficace. Écrire par SMS réduit la sincérité des propos du fait du langage qui est assez pauvre.

Florine doit essayer d'être plus avenante avec les autres.

• Plan d'action suite à ce constat

Florine doit apprendre à vérifier la « source » exacte des propos. Le mieux : rencontrer la personne concernée.

Elle doit également utiliser des techniques de communication consistant à d'abord écouter les autres avant de prendre la parole.

Hors du milieu scolaire, lire un journal permet de se faire sa propre opinion sur les articles de presse et de repérer d'où vient la source de l'information. « Je sais différencier les ragots, les *fakes news*, des informations justes. »

• Les activités d'expression de Florine

L'éducation à l'expression pour Florine passe par la création du journal de son lycée. Elle en devient la rédactrice en chef. Toute l'équipe doit citer ses sources de façon précise lors des différentes interviews menées.

Suite à un stage de découverte professionnelle, elle envisage, après le Bac, d'intégrer une école de journalisme.

Ses activités d'expression passent également par la création d'un site faisant découvrir les associations locales dans sa commune.

- **Résumons l'évolution de Florine**

Tout est négatif autour de moi. J'ai l'impression que tout le monde parle de moi en mal, surtout sur les réseaux sociaux. Je suis constamment harcelée. Ils me montrent même du doigt en cours de récréation.

Je vais vérifier l'exactitude des propos, je vais à la source de l'information.

J'évite les réseaux sociaux qui utilisent un langage pauvre.

J'ai appris à écouter avant de parler, mon stage en journalisme m'a beaucoup apporté.

J'étais un peu paranoïaque, mes parents ne porteront pas plainte.

> Florine n'est plus harcelée, et ses parents n'ont pas porté plainte. Florine a effectué un gros travail sur elle-même par la communication, sous différentes formes, au quotidien. Elle a pris conscience que les relations se font « de visu », ce qui permet d'éviter les quiproquos.

EXEMPLE 5 FLORINE : « JE SUIS HARCELÉE, ÇA CONTINUE, MES PARENTS VONT PORTER PLAINTE. » SUITE À L'ENTRETIEN AVEC UN ADULTE, DE QUOI FLORINE A-T-ELLE CONSCIENCE ?		
Toutes les discussions de mes camarades sont centrées sur ma personne, ils disent du mal de moi, même par SMS ou sur les groupes de discussion.	Je me sous-estime au quotidien, je ne sais rien faire ! Tout est négatif autour de moi.	Je m'isole pendant les récréations et je ne me sens plus à ma place.

↳

La construction de mon nouveau schème d'action devrait passe par :		
Se dire les choses en face (présentiel) est beaucoup plus efficace que par SMS. Écrire par SMS réduit la sincérité des propos du fait du langage qui est souvent pauvre. De plus, les réseaux sociaux sont interdits aux moins de 13 ans.	Comme je ne sais pas communiquer avec les autres, la moindre parole est pour moi négative. Je dois être à l'écoute des autres plutôt que de rester centrée sur ma personne.	Je lève la tête en récréation et j'essaie d'aller vers les autres. Je peux me faire aider par une ou deux copines.
Je repère les invariants de mon schème de défense dans des situations différentes au sein du cadre scolaire.		
Pour vérifier l'exactitude des propos, je vais « à la source ». Je rencontre la personne concernée. Je constate que les relations sont beaucoup plus saines. Je pense que j'étais un peu paranoïaque ! J'en ai parlé à mes parents et nous ne voulons plus porter plainte.	J'apprends des techniques de communication consistant à écouter d'abord avant de prendre la parole.	Mes camarades m'intègrent régulièrement pendant la récréation pour faire connaissance avec d'autres.
Quels sont les invariants de mon schème de défense que je transfère dans des situations hors du système scolaire ?		
Pour vérifier les informations, j'achète le journal et je me fais une opinion. J'arrive à repérer d'où vient la source de l'information dans les articles de presse. Je sais différencier les ragots, les *fake news* et les informations justes.	J'ai suivi un journaliste professionnel pendant deux jours et j'ai étudié sa manière de faire lors des interviews. J'applique cette technique d'écoute à chaque fois que je rencontre un membre de ma famille. Cette écoute est constructive et positive pour la suite des échanges.	Rester seul ne sert à rien. Nous sommes des « êtres de relations ». J'aime adhérer à des associations culturelles et sportives pour rencontrer des gens.

Mon éducation à l'expression passe par les activités suivantes :	
Mon éducation à l'expression passe par la création du journal de mon lycée, *Notr'actu*, dont je suis rédactrice en chef. Toute l'équipe doit citer ses sources de façon précise lors des différentes interviews menées. Après le Bac, je pense mettre en premier vœu sur Parcoursup une école de journalisme.	Mon éducation à l'expression passe par la création d'un site faisant découvrir les associations locales de ma commune. Je pense donner un coup de main à la mairie en matière de communication.

6. Favio : « Les professeurs ne s'en prennent qu'à moi. Mes parents vont prendre rendez-vous avec eux. »

• La vision du jeune

À chaque fois que Favio veut prendre la parole, il n'est pas interrogé. Il trouve cela injuste, il pense même que ce sont les professeurs qui le harcèlent.

• Sa préoccupation majeure suite à l'entretien de coaching

Favio prend toutes les remarques pour lui, toutes les paroles sont perçues comme blessantes. Il a provoqué une tension entre ses parents et ses professeurs car il n'avait pas conscience de ses perturbations en classe. Une rencontre avec plusieurs professeurs a même dû être provoquée pour attester des perturbations régulières.

Favio a constamment des remarques pour des prises de parole intempestives en classe. Un travail sur lui-même doit être axé sur la modération de ses paroles.

• Plan d'action suite à ce constat

Favio, qui est un élève précoce, doit comprendre que chacun doit avoir un temps de parole lorsqu'on vit en groupe. Prendre le temps d'écrire sur un brouillon ses réponses ou arguments avant de prendre la parole, à l'école ou dans le milieu familial, lui permettra de construire des interventions de qualité.

Il peut poursuivre son cheminement intellectuel jusqu'au bout par écrit, et en faire part ensuite au professeur, sans perturber la classe.

• Les activités d'expression de Favio

Les activités d'expression se sont centrées par la reconnaissance de sa précocité (test WIsc), Favio a pu mettre un nom sur ses caractéristiques et a découvert d'autres techniques de régulation grâce des rencontres avec des associations qui aident les élèves dyslexiques et précoces.

Lors de ses conversations avec des adultes ou d'autres camarades, Favio doit oser expliquer ses caractéristiques, notamment le fait qu'il a beaucoup d'imagination et que, parfois, « il déborde ». Le fait de le savoir peut rassurer son entourage.

• Résumons l'évolution de Favio

Je ne suis pas le seul à faire du bruit en classe. S'en prendre toujours à moi est injuste.

Je suis harcelé par les professeurs, ils n'arrêtent pas de me dire de me taire.

Je dois comprendre que chacun doit avoir un temps de parole, et je dois réfléchir au moins cinq secondes avant de prendre la parole.

Je peux noter sur un brouillon la suite de ma réflexion et en faire part à mon professeur à la fin du cours. J'évite ainsi de perturber la classe tout en poursuivant mon cheminement.

Je me rends compte que c'est moi qui perturbais la classe, c'était plutôt moi le harceleur.

J'ai fait un test de précocité et je sais maintenant ce qu'il faut faire pour être sociable, même si cela demande des efforts permanents.

Si je parle avec des gens qui ne me connaissent pas, j'ose dire que je suis précoce et que si je déborde d'imagination, ils ne doivent pas s'inquiéter... Cela détend souvent l'ambiance!

> Favio n'est plus harcelé, il se connaît chaque jour un peu mieux, ose affirmer ses fragilités et ses caractéristiques aux autres, preuve d'une grande intelligence sociale.

Exemple 6 Favio : « Les professeurs ne s'en prennent qu'à moi. Je suis harcelé verbalement par les adultes. » Suite à l'entretien avec un adulte, de quoi Favio a-t-il conscience ?		
À chaque fois que je veux prendre la parole, je ne suis pas interrogé. Je ne suis pas le seul à faire du bruit en classe. C'est injuste!	Je prends toutes les remarques pour moi, toutes les paroles sont perçues comme blessantes. J'ai provoqué une tension entre mes parents et les professeurs car je n'avais pas conscience de mes perturbations en classe.	J'ai constamment des remarques pour prise de parole intempestive en classe. Il faut que je travaille sur moi (modération de mes paroles).
La construction de mon nouveau schème d'action devrait passe par :		
Je dois comprendre que chacun doit avoir un temps de parole, il n'y a pas que moi en classe, nous vivons en groupe.	Si les consignes sont données à l'ensemble de la classe, je ne dois pas prendre celles qui ne me concernent pas pour moi. Je dois savoir repérer les consignes données pour mon cas et celles pour les autres.	Je dois réfléchir quelques secondes avant de prendre la parole afin de construire mes questions ou arguments, qui doivent être en relation avec le thème du cours.

↳

Je repère les invariants de mon schème de défense dans des situations différentes au sein du cadre scolaire.		
Pour prendre la parole en classe, je note préalablement ma question sur un brouillon, cela me permet de construire ma prise de parole. Mes interventions sont donc pertinentes. Mes professeurs me font confiance.	En classe, je note les consignes qui me concernent directement sur un brouillon. Les consignes concernant la classe ne sont pas notées par mes soins.	Si je dois répondre à une question, je compte cinq secondes avant de prendre la parole. Cela me fait prendre du recul sur la qualité de ma réponse. J'évite ainsi d'être hors sujet.
Quels sont les invariants de mon schème de défense que je transfère dans des situations hors du système scolaire ?		
Avant de demander à mes parents une autorisation de sortie avec mes camarades, je prends le temps d'écrire mes arguments. Grâce à ce dispositif, je me rends compte que j'arrive à prendre du recul sur mes demandes. Je peux « oser », mais en étant clairvoyant sur les tenants et les aboutissants de ma demande (danger, sécurité...).	Je me rends compte que je suis un garçon ayant plein d'idées en tête. Cela peut gêner mes interlocuteurs qui me considèrent comme instable. Lors de discussions avec ma famille, j'essaie de garder les idées qui sont en relation avec le thème abordé par les adultes. Je m'aperçois que grâce à cela, je développe la notion d'écoute des autres.	Je sais reconnaître en public que je suis plein d'imagination et que parfois je déborde... Oser affirmer ses fragilités, c'est souvent rassurant pour l'entourage. Je me rends compte que c'était plutôt moi qui « harcelais » les autres.

Mon éducation à l'expression passe par les activités suivantes :

Mes activités d'expression se sont centrées par la reconnaissance de ma précocité (test WIsc) ; j'ai pu mettre un nom sur mes caractéristiques. J'ai découvert d'autres techniques de régulation grâce à des rencontres avec des associations qui aident les élèves dyslexiques et précoces. Je me suis aperçu que la prise en charge était presque la même, et comme j'ai beaucoup de camarades dyslexiques, nous parlons souvent de nos stratégies de contournement. C'est passionnant !

7. Antonin : « Tout le monde me regarde dans la cour de récréation. C'est sûr je suis gros... J'exprime alors ma violence envers ceux qui se moquent. »

• La vision du jeune

Antonin s'énerve souvent dès qu'on se moque de lui, il en souffre. Son seul moyen de défense est la force. Comme il est « costaud », il réagit avec violence.

• Sa préoccupation majeure suite à l'entretien de coaching

Antonin se rend compte qu'il grandit beaucoup et que ses habits sont souvent inadaptés à sa corpulence : ils font ressortir son embonpoint, source de moqueries. Antonin est très lucide sur ce point, mais n'a jamais tenté de remédier à ce problème.

• Plan d'action suite à ce constat

Antonin doit trouver d'autres formes de communication et de défense que la violence. Il doit contrôler son impulsivité. Il va s'inscrire à l'association sportive du collège, dans l'activité « rugby », afin de prendre conscience des différentes formes de communication sur le terrain (tactiles, verbales, visuelles...).

Il doit également travailler sur l'image qu'il renvoie aux autres et en tirer les conséquences. Afin d'être à l'aise, mieux dans sa peau, il doit choisir des affaires amples, qui ne le serrent pas.

• Les activités d'expression d'Antonin

Son éducation à l'expression passe par le rugby, qu'il pratique avec passion et qui le fait grandir au quotidien. Il vient même d'être sélectionné au niveau régional. Il va se rendre disponible pour aider l'entraîneur à échauffer les jeunes débutants. Une façon pour lui de faire grandir chacun selon ses caractéristiques.

• Résumons l'évolution d'Antonin

Tout le monde me regarde dans la cour de récréation. C'est sûr je suis gros… Je me venge avec violence et tout le monde dit que je harcèle les autres.

Je grandis beaucoup, je dois trouver des habits plus amples pour éviter que mon embonpoint se voie trop.

Je trouve d'autres formes de communication, car je dois contrôler mon impulsivité ; je m'inscris à l'association sportive de mon collège.

Je suis respecté au collège et au club de rugby, car la violence physique est codifiée, avec des règles qui m'aident à prendre du recul sur mon impulsivité.

J'accepte que l'on me nomme « gros » au rugby, car c'est comme ça qu'on appelle les piliers. Je comprends aussi que chacun peut avoir sa place dans une équipe : les petits gabarits sont des ailiers, et ils sont rapides, les plus costauds, plus lourds mais puissants, sont dans les mêlées.

Je suis fier d'aider mon entraîneur dans l'échauffement des plus jeunes du club, je peux leur affirmer que chacun peut et doit avoir sa place.

> Antonin n'est plus violent. Il exprime son énergie dans une activité comme le rugby, où l'investissement physique a toute sa place, mais de manière codifiée. Il a pris conscience que chacun est différent et il accepte sa corpulence, ce qui est un enjeu majeur dans la période de l'adolescence.

<table>
<tr><th colspan="3">EXEMPLE 7
ANTONIN : « TOUT LE MONDE ME REGARDE, C'EST SÛR QUE JE SUIS GROS, JE ME VENGE AVEC VIOLENCE ET TOUT LE MONDE DIT QUE JE HARCÈLE LES AUTRES. »
SUITE À L'ENTRETIEN AVEC UN ADULTE, DE QUOI ANTONIN A-T-IL CONSCIENCE ?</th></tr>
<tr><td>Je m'énerve très souvent dès qu'on se moque de moi.</td><td>Je grandis beaucoup et mes habits sont souvent inadaptés à ma corpulence. Ils font ressortir mon embonpoint, source de moqueries.</td><td>Je dois choisir et préparer mes affaires la veille.</td></tr>
<tr><th colspan="3">LA CONSTRUCTION DE MON NOUVEAU SCHÈME D'ACTION DEVRAIT PASSE PAR :</th></tr>
<tr><td>Je dois trouver qu'autres formes de communication et de défense que la violence.</td><td>Je dois travailler sur l'image que je renvoie aux autres et en tirer les conséquences.</td><td>Afin d'être à l'aise dans ma peau, je dois choisir des affaires amples, qui ne me serrent pas.</td></tr>
<tr><th colspan="3">JE REPÈRE LES INVARIANTS DE MON SCHÈME DE DÉFENSE DANS DES SITUATIONS DIFFÉRENTES AU SEIN DU CADRE SCOLAIRE.</th></tr>
<tr><td>J'ai besoin de me défouler et je prends conscience que contrôler mon impulsivité passe par une pratique sportive au collège. Grâce à l'activité rugby, je constate différentes formes de communication sur le terrain : verbales, tactiles, physiques, visuelles...</td><td colspan="2">Je prends conscience qu'en m'habillant avec des vêtements plus larges, je me sens mieux (moins serré), ce qui me met plus à l'aise en termes de sensations physiques. De plus, mon image auprès des autres s'améliore car elle n'est plus source de moqueries (avant on voyait mon ventre, le haut de mon postérieur...). Je constate que je ne m'énerve plus.</td></tr>
</table>

Quels sont les invariants de mon schème de défense que je transfère dans des situations hors du système scolaire ?	
Je m'inscris également au club de rugby de ma ville, où on me sélectionne en tant que pilier dans la mêlée. J'apprends à accepter ma corpulence, les joueurs de la mêlée se nomment « les gros ». J'apprends que « les petits » (ailiers) et « les gros » ont chacun leur importance dans le jeu.	J'ai appris que j'étais respecté en milieu scolaire et en dehors (club) car la violence physique est codifiée (avec des règles). Grâce au choix de mes affaires la veille, je prends le temps d'organiser ma journée du lendemain (faire mon cartable, mais également mon sac de sport). J'arrive à anticiper.
Mon éducation à l'expression passe par les activités suivantes :	
Mon éducation à l'expression passe par l'activité « rugby » que je pratique avec passion ; elle me fait grandir au quotidien. Je viens même d'être sélectionné au niveau régional. Je vais aider notre entraîneur à échauffer les jeunes débutants qui viennent de rentrer au club. Une façon pour moi de faire grandir chacun selon ses caractéristiques.	

8. Lola : « Je suis violente verbalement dès qu'il y a un camarade qui me regarde de travers. »

• La vision du jeune

Lola tient à défendre son image au collège, que ce soit en présentiel ou sur les réseaux sociaux.

• Sa préoccupation majeure suite à l'entretien de coaching

Lola prend conscience qu'elle n'accepte pas la critique, même constructive. Elle a l'impression que tout le monde parle d'elle constamment. Elle sait aussi qu'elle peut être vulgaire et que cela peut nuire à son image. Elle constate des tensions avec des camarades sur les réseaux, et explique que ses parents vont porter plainte contre deux anciennes copines.

- **Plan d'action suite à ce constat**

Lola doit montrer qu'elle possède d'autres qualités que physiques, et que la vie ne se passe pas uniquement sur les réseaux sociaux.

Elle doit noter par écrit les observations de ses camarades pour vérifier si les mots sont blessants ou non, car Lola pense que tout est négatif. Le fait d'écrire permet de prendre du recul.

Lola doit convenir d'horaires de consultation de son téléphone portable, uniquement une heure par jour, de préférence le soir, chez elle.

Comme ses parents, elle souhaite porter plainte, car l'intervention de la justice permettra de défendre son image.

- **Les activités d'expression de Lola**

Les activités d'expression de Lola passent par l'écriture de chansons. Elle choisit le rap, et y associe du hip-hop, car c'est une demoiselle toujours soucieuse de son paraître.

Son éducation à l'expression passe par des clips qu'elle met en ligne avec l'autorisation de ses parents... et avec l'intitulé : « No Comment ».

- **Résumons les évolutions de Lola**

Je suis violente verbalement dès qu'il y a un camarade qui me regarde de travers.

Je dois défendre mon image, je n'accepte pas la critique.

Avec mes parents, nous allons déposer une plainte au commissariat car deux de mes anciennes copines m'insultent sur les réseaux sociaux.

L'intervention de la justice me servira dans d'autres domaines de la vie et mon image sera défendue.

Après le dépôt de plainte, je m'aperçois que c'est une épreuve traumatisante pour moi et pour mes anciennes copines. Vouloir tout judiciariser n'est pas toujours souhaitable, surtout que les mots sur les réseaux n'étaient pas si blessants que ça !

Je dois m'exprimer plus clairement, en présentiel, et montrer que j'ai d'autres qualités que physiques. Mes parents ne me permettent plus de consulter mon téléphone qu'une heure par jour, et uniquement chez moi. Cela m'évite d'être constamment sur ces réseaux et de m'inquiéter pour rien.

Je me suis trouvé une activité d'expression autour de l'écriture de chansons et en créant des clips. Cependant, j'interdis et je m'interdis tout commentaire. Juste des « likes ».

> Lola n'est plus violente verbalement. Elle exprime ses émotions dans son écriture (le rap) et dans son activité corporelle (le hip-hop). Elle arrive, grâce à ses parents, à garder une utilisation raisonnée du smartphone.

Exemple 8 **Lola : « Je suis violente verbalement dès qu'on me regarde de travers. »** **Suite à l'entretien avec un adulte, de quoi Lalo a-t-elle conscience ?**		
J'ai mon image à défendre sur les réseaux sociaux et au collège. Tout le monde doit me respecter.	Je n'accepte pas la critique, même constructive.	Je suis source de tension car j'ai l'impression qu'on parle de moi constamment.
La construction de mon nouveau schème d'action devrait passe par :		
Mon image n'est pas portée uniquement par mon physique : j'ai d'autres qualités et je dois les montrer.	Je dois comprendre que les autres peuvent m'aider.	Je dois prendre de la distance avec mon téléphone portable et les réseaux sociaux, car j'ai l'impression qu'on parle tout le temps de moi.

JE REPÈRE LES INVARIANTS DE MON SCHÈME DE DÉFENSE DANS DES SITUATIONS DIFFÉRENTES AU SEIN DU CADRE SCOLAIRE.		
Mes parents ne supportent plus les SMS et les messages que je reçois sur les réseaux sociaux. Je dois me rendre au commissariat. Les anciennes copines de ma classe également. Mes parents me disent qu'avec la justice, tout rentrera dans l'ordre.	J'ai du mal à considérer les remarques des autres, je les prends toujours comme des critiques négatives. En notant précisément les mots de mes copines, je m'aperçois qu'il n'y a rien de blessant alors que je pensais le contraire. Le fait d'écrire me fait prendre du recul et structure mes pensées.	J'éteins complètement mon téléphone portable au sein du lycée. Je ne le consulte qu'en fin d'après-midi.
QUELS SONT LES INVARIANTS DE MON SCHÈME DE DÉFENSE QUE JE TRANSFÈRE DANS DES SITUATIONS HORS DU SYSTÈME SCOLAIRE ?		
L'intervention de la justice me servira dans d'autres domaines de la vie quotidienne (harcèlement au travail ou dans la rue).	Je m'aperçois qu'en notant à l'écrit ce que j'entends sur moi en famille, par exemple, j'arrive à répondre de façon sereine et non agressive. Je joue même avec les mots pour remettre les choses à leur place.	Mon téléphone portable est laissé dans le salon avant de me coucher. Avant de poster un commentaire sur les réseaux, je l'écris au brouillon pour vérifier qu'il n'est pas blessant. Je m'interdis parfois certains commentaires, sur des choses qui ne me concernent pas ou peu.

Mon éducation à l'expression passe par les activités suivantes :		
Je me suis rendu compte, après mon passage au commissariat, que cela a été une épreuve traumatisante pour moi, ainsi que pour mes anciennes copines. Vouloir tout judiciariser n'est pas forcément souhaitable. À l'avenir, je devrai m'exprimer plus clairement avec les autres, cela évitera les tensions.	Mon éducation à l'expression passe par l'écriture de chansons type « rap »... auquel j'ai associé le hip-hop, car je suis toujours soucieuse de mon paraître. Mettre en valeur mes qualités physiques et la précision de mes paroles est devenu pour moi une véritable passion.	Mon éducation à l'expression passe par des clips que je mets en ligne, avec comme intitulé : « No Comment ». Aucun commentaire, juste des « likes ».

9. Astrid : « Je n'ai pas ma place dans ce monde. Personne ne me parle ; une véritable exclue. Je me scarifie les poignets. »

• La vision du jeune

Astrid se sent exclue depuis quelques semaines. Elle se scarifie les poignets dans les toilettes et elle n'hésite pas à dire à ses camarades qu'elle n'a plus sa place dans ce monde.

• Sa préoccupation majeure suite à l'entretien de coaching

Astrid se plaint de plus en plus souvent auprès de ses camarades, en disant qu'elle ne veut plus être de ce monde. Ces plaintes deviennent même des menaces : « Je vais me scarifier si tu ne m'écoutes pas. »

Astrid est une fille intelligente, qui a bien conscience qu'elle inquiète son entourage par ses paroles, mais elle nous révèle qu'elle se sent très seule depuis le divorce de ses parents.

• Plan d'action suite à ce constat

Astrid est guidée vers le point « écoute » de l'établissement, où il y a toujours quelqu'un pour dialoguer avec elle.

Elle prend conscience qu'une aide « reconnue » dans l'établissement (rencontre de la famille avec le chef d'établissement) et hors de l'établissement (psychologue, par exemple) permettrait de rassurer ses camarades et de réunir ses parents autour de ses sentiments.

Astrid doit également réfléchir à son avenir, à son futur métier, ce qui lui permettra d'envisager son idéal de vie. Une projection positive de sa vie.

• Les activités d'expression d'Astrid

Astrid met en place avec ses parents un emploi du temps pour chaque semaine, afin de la rassurer et de savoir qui va l'accompagner au quotidien. La construction se fait en famille, ce qui signifie que ses parents s'accordent mutuellement autour d'elle. Grâce à ce système, elle ne se sent plus seule.

Pour affiner ses compétences, elle réalise des stages professionnels. Cela lui permet de se connaître, de penser à elle, et d'envisager un métier. Le fait de se projeter dans l'avenir la sécurise.

• Résumons l'évolution d'Astrid

Je n'ai pas ma place dans ce monde, personne ne me parle ; je me scarifie.

Mes parents divorcent, c'est le mythe de la famille qui s'écroule pour moi.

J'ai menacé mes camarades de me suicider, je reconnais que j'ai exercé un véritable harcèlement envers eux, mais je me sentais perdue.

En acceptant l'aide du chef d'établissement, qui a initié le soir même une rencontre avec mes parents, cela a rassuré mes camarades qui s'inquiétaient de ma situation et ne savaient pas comment faire pour m'aider.

Avec mes parents, nous avons accepté une thérapie psychologique familiale, et avec du recul, nous avons reconnu que avions besoin de nous retrouver pour parler.

Nous avons élaboré en famille un planning qui me permet de constater que mes parents seront présents dans chaque activité de la semaine. Ils se sont même débrouillés pour me trouver des stages de découverte professionnelle qui me permettent d'avoir confiance en moi et d'envisager mon avenir, ce dont j'ai vraiment besoin.

J'arrive à concocter des week-ends où mes parents se retrouvent et c'est moi qui suis à l'initiative de la totalité du séjour.

Nous retournons régulièrement voir le psychologue qui effectuera un long suivi, cela me rassure aussi.

Je me suis excusée auprès de mes camarades que j'avais bien bousculées en les menaçant. Je les ai remerciées d'avoir été attentives à mon état émotionnel. Elles ont bien agi en allant signaler mon mal-être auprès d'adultes de l'établissement.

> Astrid reste encore fragile, et son suivi psychologique continue. C'est une excellente élève qui, en grandissant, essaie de penser à elle en développant la posture de « l'égoïsme saint », c'est-à-dire de moins penser aux autres et un peu plus à elle.

Exemple 9 Astrid : « Je n'ai pas ma place dans ce monde. » Suite à l'entretien avec un adulte, de quoi Astrid a-t-elle conscience ?		
Dès que je me sens exclue, je me scarifie les poignets dans les toilettes.	Je me plains souvent auprès de mes camardes, en disant que je ne veux plus être de ce monde. Ces plaintes deviennent même des menaces envers les autres : « Je vais me scarifier si tu ne m'écoutes pas. »	J'ai conscience que j'inquiète mon entourage avec mes paroles, mais je me sens seule depuis le divorce de mes parents.

↳

La construction de mon nouveau schème d'action devrait passe par :		
Si je me sens seule pendant la récréation, je me rends au point « écoute » de mon collège, il y a toujours quelqu'un pour dialoguer avec moi.	Je dois solliciter une aide « reconnue » dans l'établissement et hors de l'établissement (psychologue, par exemple) afin de rassurer mes camardes et réunir mes parents autour de mes sentiments actuels.	Je dois réfléchir à mon avenir en tant que future adulte, à mon métier, ce qui me permettra d'envisager mon idéal de vie : une projection positive de ma vie.
Je repère les invariants de mon schème de défense dans des situations différentes au sein du cadre scolaire.		
Dès que je me sens seule, je suis perdue. Je me suis livrée lors du point « écoute » en précisant que mes parents sont en instance de divorce. Le mythe de la famille unie s'écroule… Les adultes du point « écoute » me guident dans mon organisation quotidienne au collège (deux livres par matière – un pour chez chacun de mes parents –, un casier…).	Mes camarades savent que je suis entre de bonnes mains. Ils sont rassurés car : – le chef d'établissement nous a réunis avec ma famille pour leur faire part de mon inquiétude et de mes scarifications ; – une thérapie familiale va être mise en place suite à cette réunion, ce qui va nous aider.	Avec l'aide d'un professionnel, je réalise un coaching d'orientation afin de clarifier mes préoccupations. Le bilan me montre que je ne me connais pas assez : je suis incapable de lister mes qualités et compétences scolaires. Je fais un listing de mes compétences sous forme de livret pour attester de ce que je sais faire.

↳

Quels sont les invariants de mon schème de défense que je transfère dans des situations hors du système scolaire ?	
Je mets en place avec mes parents un emploi du temps pour chaque semaine afin de me rassurer et savoir qui va m'accompagner au quotidien. Cela me rassure. La construction se fait en famille, ce qui signifie que mes parents s'accordent mutuellement autour de moi. Grâce à ce système, je ne me sens plus seule. J'ai toujours ce planning sur moi.	Pour affiner mes compétences, je réalise des stages professionnels, même pendant les vacances scolaires. Cela me permet de me connaître et d'envisager un métier. Le fait de me projeter dans l'avenir me sécurise.

Mon éducation à l'expression passe par les activités suivantes :		
Toutes les activités que je fais sont réalisées de manière méthodique, organisées par écrit pour ne rien oublier. C'est une façon de me rassurer. Le fait d'écrire structure ma pensée.	Je concocte des week-ends où mes parents vont se retrouver. Je prends plaisir à organiser la totalité du séjour… J'ai leur accord et leur totale confiance.	Grâce à mes stages en entreprise, je me découvre en tant qu'experte en organisation. Je pense que le management est fait pour moi.

VI

CONCLUSION

Traiter les cas de phobie ou d'intimidation : un nouveau vocabulaire

Arrivant au terme de notre cheminement, nous avons pu repérer un vocabulaire spécifique qui nous aide à comprendre comment sortir de cette spirale émotionnelle négative lorsque nous sommes en situation de phobie ou sujets aux intimidations.

Connaissance de soi, expérience, construction de soi, préoccupations, libération des empreintes émotionnelles, sensations physiques, schème d'apprentissage ou de défense, projet d'action, intention, sous-estime, confiance, coaching, questiologie, conception fonctionnelle de l'enseignement, retour réflexif sur sa pratique, éducation à l'expression, expression par le corps, santé publique... autant de termes qui doivent maintenant guider nos actions pour lutter contre les phobies et les cas d'intimidation.

Les phobies, les cas d'intimidation ne sont pas scolaires

Nombreuses sont les associations de lutte contre le harcèlement nous montrant les auteurs avec des comportements effectivement inacceptables (paroles blessantes, violences, racket...), mais ces conduites ne sont que la partie émergée de l'Iceberg.

Dire que les intimidations provoquent la fuite de l'élève hors du système scolaire est une évidence. Cependant, grâce au coaching scolaire et à l'écoute émotionnelle que je réalise au quotidien avec nos jeunes, je peux affirmer que c'est parce que l'élève est en période de fragilité (de doute, peur d'oser, timoré, isolé) qu'il devient sujet aux phobies et ensuite sujet d'un harcèlement.

Un élève qui se sous-estime, qui manque de confiance en lui, qui s'isole, qui ne communique pas avec les autres (comme parfois les élèves précoces ou dyslexiques) est une proie facile pour des camarades n'hésitant pas à se moquer ou à distiller des paroles blessantes. Développer la confiance en soi, la communication vers les autres, permettrait de se défendre naturellement face aux conduites de groupe (parfois très agressives). En d'autres termes, c'est une « éducation à l'expression » des jeunes qui se sous-estiment ou qui ont peu confiance en eux qu'il s'agit de mettre en œuvre au sein de nos établissements. L'éducation reprend alors toute sa place, dépassant le niveau de la sanction disciplinaire, souvent traumatisante pour tous, comme nous le montrent les conseils de disciplines impactant à la fois les familles et les équipes pédagogiques.

Cette éducation ne se fait pas seulement à l'école, elle se fait aussi au quotidien, en famille dans d'autres contextes.

Les phobies, les cas de harcèlement (ou d'intimidation) ne sont pas « que » scolaires. Comme nous avons pu le voir avec le concept d'assimilation/accommodation de Jean Piaget, s'il existe des phobies ou des intimidations (pouvant mener jusqu'au suicide), elles existent en soi et ne se situent pas dans un seul lieu. Elles sont en « contextes différenciés ». C'est un véritable enjeu de société, et nous sommes tous concernés (parents, éducateurs, chef d'entreprise ou toute personne travaillant en groupe...).

Prendre au sérieux le harcèlement, c'est savoir reconnaître les situations d'intimidation au quotidien, savoir les traiter en repérant les indicateurs émotionnels des jeunes, et être en mesure de construire avec eux des schémas de défense (pour les victimes) et de perception de l'autre (pour les auteurs des intimidations).

Prendre au sérieux le harcèlement, c'est de savoir traiter les pressions exercées dans des situations en contextes différenciés. Il n'y a pas un lieu, une situation ou une personne qui est à l'initiative des intimidations : il existe des situations, des lieux différents, des personnes différentes qui peuvent blesser au quotidien. À l'éducateur, à l'adulte, au coach d'aborder la charge émotionnelle vécue par le jeune, de mettre en place une démarche méthodique de clarification des situations qui posent problème, pour construire avec lui un véritable projet d'action passant par la construction d'un schème de défense (ou d'action). Cette procédure mentale passe inévitablement par la connaissance de soi, point de départ de tout projet de construction.

Tous les êtres humains vivent au quotidien des traumatismes, chocs émotionnels, intimidations... La bonne réponse est de faire face grâce à une véritable éducation à l'expression qui peut être mise en œuvre de façon transversale dans toutes les institutions scolaires, universitaires ou professionnelles. L'engagement dans cette dernière étape permet de consolider la notion de confiance que chacun doit développer au quotidien.

Aborder, traiter les cas de phobie et d'intimidation : une priorité de santé publique

Ce que je peux affirmer à ce jour, c'est que la prise en charge des états émotionnels de chacun (avant une prise en charge médicale, voire médicamenteuse) est un sujet de santé publique. Mettre en place ces dispositifs d'attention émotionnelle dans tous nos établissements scolaires, universitaires et professionnels diminuerait de façon considérable les prises en charge médicales (souvent longues et traumatisantes, notamment lorsqu'il s'agit d'enfants ou d'adolescents). Plus nous tardons à valider ce dispositif, plus la prise en charge sera difficile et longue.

Comme nous l'avons observé dans ce livre, ce n'est pas la mise en place d'un « atelier » ou d'une « discipline » à côté de l'enseignement traditionnel qui est nécessaire, mais une activité réflexive transversale dans nos institutions scolaires et professionnelles qui est à mettre en œuvre, pour permettre à chacun d'identifier sa position dans les différentes spirales émotionnelles.

La spirale peut être aussi négative et le principe d'assimilation/accommodation peut ancrer des situations négatives. À chacun de prendre conscience par l'intermédiaire d'un accompagnateur, d'un coach, de son état émotionnel du jour afin d'agir dans le bon sens, comme nous l'a montré le dispositif de pyramide inversée.

En travaillant ces thèmes, en travaillant sur soi selon le type de phobie ou d'intimidation vécu, chacun peut grandir grâce à la notion de confiance en soi, qui est au cœur des solutions aux problèmes rencontrés.

Les phobies, les cas d'intimidation au travail

Nous avons observé à travers les différents chapitres de cet ouvrage que la peur de prendre la parole en public pouvait être résolue avec des repères pris sur soi (construction de phrases d'accroche à l'écrit) et en soi (technique CLEEN de méditation pleine conscience), amenant à une véritable confiance en soi. Il en va de même pour la peur du regard des autres, la peur de l'évaluation, la peur de prendre l'ascenseur (il s'agira de construire la notion de sécurité et la capacité à donner l'alerte par écrit, ainsi que d'intégrer la technique CLEEN où la situation déclencheur de stress doit être trouvée), la peur du monde et de la foule…

Pour élargir notre champ d'observation, une phobie que je voudrais évoquer dans cette conclusion est celle, souvent vécue par les adultes, de retourner au travail. Cette angoisse peut mener au *burn out* si elle n'est pas traitée rapidement, et peut tout simplement démarrer par la peur de lire des mails professionnels le dimanche soir. Nombreuses sont les personnes qui éprouvent une angoisse terrible à la simple lecture de leurs mails professionnels, avec une boule au ventre, une oppression au niveau de la poitrine, voire des tremblements. Un travail sur soi est à réaliser avant d'affirmer que la personne est harcelée de mails (ou plutôt intimidée par les mails) au travail. En effet, nous recevons souvent des mails tardifs venant de notre entourage, de clients, de notre hiérarchie…

Sommes-nous obligés de les lire à 23 heures ? C'est parce que j'ai reçu une notification sur mon smartphone à 23 heures que j'ai décidé d'ouvrir aussitôt le mail. Si je n'avais pas installé les notifications automatiques, je l'aurais lu mail lendemain matin, ce qui m'aurait permis de passer une bonne soirée.

Le travail à réaliser sur soi est finalement assez simple : désactiver les notifications, voire éteindre son portable à une certaine heure. Il en va de notre santé. Chacun est libre d'envoyer des mails tardifs (certains aiment travailler tard le soir et d'autres très tôt le matin), mais chacun est également libre de lire ces mails sur son temps de travail, et non dans l'hyper immédiateté temporelle que nous imposent les technologies numériques. Ce premier travail se fait donc d'abord sur soi, dans différents lieux et contextes.

Les cas de phobies ou d'intimidation apparaissent lorsque les actions sont répétées, mais ne sont véritablement ancrées que lorsqu'elles sont vécues dans différents contextes, différents lieux. Nous parlons alors d'empreinte. À ce stade, la personne devient sujette à toutes sortes d'intimidations si elle n'inverse pas la spirale en travaillant la confiance en soi.

Le dispositif de pyramide inversée que je propose souligne les états émotionnels en fonction des situations vécues. Chacun peut savoir où il se situe dans cette pyramide pour inverser la tendance, ou au contraire accentuer le travail sur soi.

La culture du coaching en France : franchir le cap en osant affirmer ses fragilités

Se livrer, parler de ses points faibles, de ce qui ne marche pas… voilà bien dans attitudes qui ne sont pas ancrées dans la culture française. Avons-nous peur d'affirmer nos fragilités aux yeux des autres ? Est-ce honteux de montrer ce qui ne fonctionne pas ?

En coaching, clarifier les situations, c'est aussi reconnaître les freins à la performance, pour grandir et révéler son potentiel.

À travers ce livre sur le thème des phobies et du harcèlement en milieu scolaire, nous constatons que c'est un nouvel état d'esprit que nous attendons au quotidien, un nouveau mode de gouvernance passant par le coaching ou toute autre forme d'entretien permettant un retour sur sa pratique et sur ses états émotionnels, qui doit être considéré comme un outil pour avancer, pour être plus fort… et aussi plus humain.

Les raisons pour lesquelles nos actions ne fonctionneraient pas

« On m'impose des solutions, ce ne sont pas les miennes. »

> Cette conception formelle de l'enseignement est abordée dans l'avant dire (« la connaissance de soi passe par l'expérience »).

« Qu'est-ce qui ne s'est pas bien passé aujourd'hui à l'école ? »

> Cette conception négative de l'éducation n'invite pas à une construction de son schème d'action (voir chapitre III).

« Je ne sais pas comment faire pour améliorer cette situation qui me rend triste. »

> L'accompagnement individuel est insuffisant ou la régulation des émotions n'est pas prise en compte (voir chapitre II, parties 1 et 2).

« Personne ne m'écoute. On me coupe tout le temps la parole, on me dit tout le temps que ce n'est pas grave. »

> Les temps d'échange et d'écoute ne sont pas assez importants. Prendre le temps de vivre des moments individuels avec son enfant et de privilégier des temps d'écoute, lors des repas, par exemple, est essentiel. Les techniques de coaching permettent également de structurer son écoute (voir chapitre II, partie 3).

« Je ne parlerai pas en face de mon agresseur. »

> Il ne s'agit pas d'initier une confrontation, mais des entretiens individuels de construction (voir l'avant dire : « comment aborder les cas de phobies et de harcèlement en milieu scolaire »).

« Je ne sais pas repérer chez l'autre son seuil de tolérance. »

> L'élève veut bien faire, mais n'ose pas s'expérimenter en demandant à l'autre. Un adulte peut l'aider à formuler sa demande par écrit (pour structurer sa pensée). Nous pouvons également missionner un autre élève pour l'accompagner dans cette démarche.

« Je suis trop ému. »

> L'élève ne connaît pas ou n'a pas automatisé la technique CLEEN (voir chapitre II, partie 2).

« Je ne trouve pas d'activité d'expression pour me changer les idées. »

> L'élève ne se connaît pas, il n'a jamais pris conscience de ses compétences et de ses qualités. Il faut inviter l'élève à réfléchir sur ce qu'il sait faire et sur ce qu'il aimerait découvrir. Une découverte de différentes activités (cuisine, théâtre, art, peinture, sport, engagement humanitaire ou caritatif...) lui permettrait de choisir (voir chapitre IV).

« Mes parents veulent porter plainte, je ne suis pas sûr, cela me fait peur. »

> Une démarche de judiciarisation utilisée sans adhésion de l'enfant peut conduire ce dernier à rester dans une posture de « victime » tout au long de sa vie... alors qu'il doit pouvoir être acteur de sa vie (démarche beaucoup plus constructive pour lui donner confiance – voir l'avant dire : « la construction de soi et l'empreinte affective en tant que parents »).

« Il y a trop de situations qui me stressent, à l'école, partout, je pleure tout le temps. Même en essayant de construire mon plan d'action, je n'y arrive pas. »

> Les situations négatives et les émotions correspondantes sont ancrées depuis longtemps, les empreintes sont trop nombreuses. Notre démarche est efficace si l'on arrive à déceler rapidement les blocages. À ce stade, nous invitons les parents à accompagner leur enfant vers un psychologue. C'est la raison pour laquelle l'anticipation, l'écoute, la recherche d'un schéma d'action en fonction des moindres situations négatives dans la vie de chaque enfant sont primordiales. C'est un véritable enjeu de santé publique.

La pyramide inversée pour faire le point et s'exprimer

Je suis tombé par terre, c'est la faute à Voltaire,
Le nez dans le ruisseau, c'est la faute à Rousseau,

Je suis intimidé à l'école, c'est la faute à Carole,
La tête baissée, c'est la faute à Chloé,

Je suis catalogué au club de volley, c'est la faute à Noé,
Le moral dans les chaussettes, c'est la faute à Juliette,

Je suis pourtant aimé dans mon quartier,
À l'épicerie on me passe sous le nez, c'est la faute aux aînés,

Je ne suis pas souvent écouté à la maison, c'est la faute à Manon,
Du mal à m'émanciper, c'est la faute à Mémé,

Je suis rabaissé plus bas que terre, c'est la faute à mon père,
Par son éducation, ses mots résonnent en moi comme des ultrasons,

Je me suis dévoilé, c'est la faute à mon fil d'actualité,
Une fois partagée, toute ma vie peut s'écrouler,

Je suis sans arrêt « empreinté », c'est la faute à ces actions répétées,
En contextes différenciés, c'est la faute au monde entier.

*

Je suis tombé par terre, je ne me laisserai plus faire,
Le nez dans le ruisseau, uniquement pour boire de l'eau,

Je suis déterminé à l'école, je l'ai affirmé à Carole,
La tête redressée, je l'ai montré à Chloé,

Je me suis exprimé au club de volley avec Noé,
Le moral dans mes « manchettes » pour répondre à Juliette,

Je me suis affirmé dans mon quartier,
À l'épicerie, je fais des pieds de nez aux aînés,

Je prends la parole à la maison, à la suite de Manon,
S'émanciper, Mémé savait ce que c'était...

J'ai affirmé à mon père que
j'étais devenu le ministre de mes actions,
Et aujourd'hui ma parole résonne en son nom,

Les réseaux ne font plus partie de mes actualités,
Je m'informe et les commentaires sont bloqués,

Je suis sans arrêt en « confiance »,
c'est grâce à ses actions répétées,
En contextes différenciés, j'ai su m'adapter,
c'est grâce à Piaget.

Tout ce qui ne s'exprime pas s'imprime.
Éduquons nos jeunes à écouter leur corps,
siège des émotions.

Remerciements

À Agnès, Manon et Florine, qui m'aident à avancer au quotidien…
À Joseph, mon éditeur, pour sa confiance.
Et pour l'éducation que m'ont donnée mes parents.

Bibliographie

Bourdieu Pierre, *La Distinction*, Éditions de Minuit, 1979

Cayrol Alain, de Saint-Paul Josiane, *Derrière la magie : la PNL*, Interéditions, 1984.

Dhellemes R., Laurin L., Arnaud P., *L'enseignement des activités athlétiques en milieu scolaire : des pistes pour l'innovation. EPS et didactique des APS*, Édition EPS, 1990

Dubet François, *Les Lycéens*, Seuil, 1996

Durand Marc, *L'enseignement en milieu scolaire*, PUF, 1996

Falisse Frédéric, *Questionnez mieux et gagnez en leadership*, Nextcellences, 2020

Garassino René, *La technique maudite*, Dossier EPS n° 200, 1980

Kant Emmanuel, *Anthropologie du point de vue pragmatique*, Flammarion, 1994

MacLean Paul D., *Les trois cerveaux de l'homme*, Robert Laffont, 1990

Marsenach Jacqueline, *L'EPS entre hier et demain. EPS quel enseignement ?* INRP, 1991

Merleau-Ponty Maurice, *La structure du comportement*, PUF, 1990

Piaget Jean, *Biologie et connaissance*, Gallimard, 1967

Piaget Jean, *Le structuralisme*, « Que sais-je ? », 1968.

Récopé Michel (coord.), *L'Apprentissage*, EPS, 2001

Sonnois Guy, *Accompagner le travail des adolescents avec la pédagogie des gestes mentaux*, Pédagogie Formation, 2017

Valera F., Thompson E., Rosch E., *L'inscription corporelle de l'esprit*, Seuil, 1993

Van der Kolk Bessel, *Le corps n'oublie rien*, Albin Michel, 2020

Van der Kolk Bessel, « Le traumatisme est le problème public n° 1 », *Le Journal du dimanche*, 9 octobre 2018

Van der Kolk Bessel, *Traumatic Stress : The Effects of Overwhelming Experience on Mind, Body, and Society*, Guilford Press, 1999

Vergnaud Gérard, *La théorie des champs conceptuels, recherche en didactique des mathématiques*, La pensée sauvage, 1991

Vermersch Pierre, *L'entretien d'explication*, ESF, 1994

TABLE

Préface
d'Alain Cayrol et Anne-Brigitte de Courten 11

Avant dire **15**

I. Les différentes situations de phobie et d'intimidation où l'élève se sous-estime (préoccupations) **25**
1. Paul : « Je suis nul en cours. » 26
2. Anne : « Je n'arrive plus à franchir la porte du collège. » 28
3. Pierre : « J'ai la boule au ventre lorsque je fais mon évaluation. » 29
4. Manon : « Je perds mes moyens lorsque je dois parler en public, c'est impossible pour moi de participer. » 31
5 Florine : « Je suis harcelée au collège. Les adultes le savent, mais ça continue... Mes parents vont porter plainte. » 32
6. Favio : « Les professeurs ne s'en prennent qu'à moi. Mes parents vont prendre rendez-vous avec eux. » 34
7. Antonin : « Tout le monde me regarde dans la cour de récréation. C'est sûr je suis gros... J'exprime alors ma violence envers ceux qui se moquent. » 35
8. Lola : « Je suis violente verbalement dès qu'il y a un camarade qui me regarde de travers. » 37
9. Astrid : « Je n'ai pas ma place dans ce monde. Personne ne me parle ; une véritable exclue. Je me scarifie les poignets. » 39

II. Les différents coachings et la questiologie pour prendre conscience et agir **43**
1. La questiologie pour prendre la température émotionnelle 44
2. Le coaching CLEEN pour libérer émotions négatives et décider justement 49
3. Le véritable coaching et la posture du coach pour clarifier la situation présente et définir un plan d'action 53

III. Construction et transfert de son schème de défense – Invariants de confiance **61**

1. Le schème d'apprentissage pour se donner des outils de défense ou des outils de confiance 62
2. Construire son schème et repérer des invariants de confiance 66
3. Repérer d'autres situations dans d'autres milieux pour renforcer sa confiance 72
4. Le schème dans les apprentissages ou dans les devoirs du soir, une histoire de réflexion méthodologique 94

IV. Vers une éducation à l'expression **97**
1. Porter notre attention sur notre corps 98
2. Exprimer de façon autonome mes problèmes et mes émotions négatives dans une activité d'expression 101

V. Des exemples de réussite... en suivant le cheminement de chacun **107**
1. Résolution du schème de l'élève Paul qui se positionne comme « nul en cours » 109
2. Anne : « Je n'arrive plus à franchir la porte du collège. » 114
3. Pierre : « J'ai la boule au ventre lorsque je fais mon évaluation. » 117
4. Manon : « Je perds mes moyens lorsque je dois parler en public, c'est impossible pour moi de participer. » 121
5. Florine : « Je suis harcelée au collège. Les adultes le savent, mais ça continue... Mes parents vont porter plainte. » 124
6. Favio : « Les professeurs ne s'en prennent qu'à moi. Mes parents vont prendre rendez-vous avec eux. » 127
7. Antonin : « Tout le monde me regarde dans la cour de récréation. C'est sûr je suis gros... J'exprime alors ma violence envers ceux qui se moquent. » 131
8. Lola : « Je suis violente verbalement dès qu'il y a un camarade qui me regarde de travers. » 134
9. Astrid : « Je n'ai pas ma place dans ce monde. Personne ne me parle ; une véritable exclue. Je me scarifie les poignets. » 138

Conclusion **143**

Bibliographie **156**